COUVERTURE SUPERIEURE ET INFERIEURE
EN COULEUR

Détachement des
pages 191-194
12 Juin 1919
[signature]

LA
TERRE DU PASSÉ

CALMANN LÉVY, ÉDITEUR

DU MÊME AUTEUR

Format in-18.

AU PAYS DES PARDONS. . . . . 1 vol.
LA CHANSON DE LA BRETAGNE. . . . . . . 1 —
PAQUES D'ISLANDE. . . . . 1 —
LE GARDIEN DU FEU. . . . . 1 —

Droits de reproduction et de traduction réservés pour tous les pays, y compris la Suède, la Norvège et la Hollande.

542-01. — Coulommiers. Imprimerie Ép. Catrá.

ANATOLE LE BRAZ

LA

TERRE DU PASSÉ

PARIS
CALMANN LÉVY, ÉDITEUR
3, RUE AUBER, 3

A

MONSIEUR E. DE NALÈCHE
DIRECTEUR DU *Journal des Débats*

MONSIEUR ET CHER DIRECTEUR,

La plupart de ces « études », sinon toutes, ont paru d'abord sous vos bienveillants auspices. En inscrivant votre nom, je ne fais que m'acquitter d'une dette de reconnaissance envers le *Journal des Débats*, comme je ne fais que remplir envers vous un devoir d'amitié.

A. L. B.

PAGES LIMINAIRES

LE « TRÔ-BREIZ »

I

Il est, aux alentours des vieilles villes bretonnes, des vestiges, des tronçons d'anciennes routes que l'herbe a depuis longtemps envahies, que les pluies ont défoncées par places, mais qui gardent, jusque dans leur détresse, un je ne sais quoi de noble et de majestueux. Une solitude profonde est sur elles. Le promeneur ne s'y hasarde guère. Elles n'ont à lui exhiber que le spectacle de leur abandon, les ronces pendantes qui s'enchevêtrent au-dessus de leurs douves et les houx au feuillage funèbre qui hérissent leurs talus.

Beaucoup, à l'origine, furent des voies romaines. Elles ont vu les robes blanches des derniers druides s'enfuir et disparaître au plus épais de leurs forêts profanées. Les dalles qui, de-ci, de-là, les jonchent encore, retentirent sous le pas des légionnaires de César. Puis, aux bruits de la conquête et de la colonisation succéda le silence des ruines. Il n'y eut plus à rôder, parmi les pierres descellées, que le pâtre barbare dont parle l'auteur des *Martyrs* : « Tandis que ses porcs affamés achevaient de renverser l'ouvrage des maîtres du monde, lui, tranquillement assis sur les débris d'une porte décumane, pressait sous son bras une outre gonflée de vent... » Aujourd'hui, les porchers eux mêmes ont déserté ces routes. Ils répugneraient à y aventurer leurs troupeaux. Ce sont, disent-ils, des parages frappés d'interdiction pour les vivants : il ne sied pas d'en troubler le mystère.

De fait, l'on y peut marcher des heures sans rencontrer personne. C'est tout au plus si, parfois, aux abords d'une bourgade, se montre l'installation d'un cordier, avec son attirail très primitif, la roue criarde qu'un enfant fait mouvoir, les peignes de bois fixés de distance en distance à de grossiers supports. L'homme va et vient, à reculons, toujours battant le même sentier, toujours sifflant le même air monotone, toujours étirant la bourre de chanvre, du même geste éternel. Descendant d'une race méprisée, sorte de paria breton auquel s'attache encore en maint endroit l'épithète de *caqueux* dont, jadis, furent flétris ses pères, il est demeuré fidèle à leurs habitudes et, quoique l'antique loi d'ostracisme ne pèse plus sur lui, continue d'exercer son industrie à l'écart.

Comme tous les travailleurs solitaires dont la profession n'exige qu'un effort machinal, le cordier est proprement un contemplatif. Dépositaire d'une longue tradition qu'il enrichit sans cesse de ses expériences, de ses observations et de ses songeries personnelles, il a la mémoire pleine de souvenirs et l'imagination fertile en rêves. Les vieilles routes à jamais veuves de passants, où il vit relégué comme dans un ghetto, lui sont une perpétuelle matière à « histoires » dont il s'enchante lui-même, s'il n'a pas d'autre auditeur. Que si la fantaisie vous prend de les entendre, n'ayez crainte : il ne se fera point prier. Il n'est pas silencieux par goût, mais par nécessité. Un visiteur lui est une aubaine. Pour peu que vous le « bonjouriez » d'un air affable, dans sa langue, vous obtiendrez de lui tout ce qu'il vous plaira. Et n'espérez pas épuiser sa verve : elle croît à mesure qu'il conte, comme le câble qu'il va déroulant. Par exemple, vous ne pourrez suivre ses récits qu'à la condition de faire avec lui les cent pas. De ce que ses lèvres se dérouillent, ce n'est pas une raison pour que ses mains chôment. Le cordier n'est point un parleur oisif : il faut que la besogne aille son train. Mais cela même n'est pas banal, cette façon rustique de péripatétiser.

II

Un jour, comme je voyageais dans la montagne bretonne, vers Callac, j'eus l'heur de nouer connaissance avec un des représentants, disons mieux, un des patriarches les plus vénérables de la corporation. Il s'appelait Roparz. Il était aussi vieux que le siècle, étant né, à l'en croire, l'année où les cloches des églises, après être demeurées longtemps muettes, recommencèrent à sonner. L'âge n'avait ni ralenti ses facultés, ni raidi ses membres. Il filait encore bien ses soixante-dix brasses de corde, de la prime aube à la dernière flambée du couchant. L'air salubre de ces hauteurs lui avait conservé sa vigueur intacte. Il n'y avait que sa barbe qui avait blanchi, roussi plutôt. Elle était longue et couleur d'étoupe. Comme elle tombait très bas, elle venait presque se confondre, tandis qu'il vaquait à son métier, avec la liasse de chanvre qu'il portait attachée à la ceinture, si bien qu'on eût dit, par moments, que c'était sa barbe couleur d'étoupe qu'il cordait.

Je n'avais eu d'autre dessein, en l'abordant, que de me renseigner sur quelques-unes des particularités du paysage. Il m'avait répondu le plus obligeamment du monde, et, muni de toutes les indications que je souhaitais, je me disposais à continuer mon chemin quand, sur le point de prendre congé, une dernière question, à laquelle je ne prêtais d'ailleurs aucune importance, me vint aux lèvres.

— Mène-t-elle encore loin, vieux père, la « route verte » où nous voici?

Il eut un petit sourire narquois :

— Dans mon enfance, les anciens prétendaient qu'elle mène au ciel. Seulement, il fallait la suivre jusqu'au bout, à travers les sept Évêchés. Et cela n'est sans doute pas dans vos intentions.

Je le regardai, fort intrigué :

— Que signifie cette histoire? Parlez-vous sérieusement ou par jeu?

Il cessa de rire, et, tournant vers moi ses prunelles de nuance indécise, comme fanées par les ans :

— C'est vrai, fit-il assez mélancoliquement, il n'y a plus que les vieilles gens à savoir les vieilles choses... Apprenez donc, mon filleul, que cette route, aujourd'hui sans issue, était autrefois celle du Trô-Breiz...

Le Trô-Breiz ! le « Tour de Bretagne » ! Il me souvenait d'en avoir trouvé quelque vague mention dans nos vieux chroniqueurs. Il y était dit que le voyage ou pèlerinage de ce nom était anciennement une dévotion si usitée qu'il avait fallu construire à travers la province « un chemin tout exprès », une sorte de Voie sacrée. Il y était dit pareillement que cette dévotion consistait à rendre visite, dans leurs cathédrales respectives, aux sept apôtres primitifs de l'Église armoricaine, savoir : saint Pol de Léon, saint Tugdual de Tréguier, saint Brieuc, saint Samson de Dol, saint Malo, saint Paterne de Vannes et saint Corentin de Quimper.

Née aux jours les plus sombres du moyen âge, presque au lendemain des incursions normandes, c'est surtout dans la période du xve et du xvie siècle qu'elle s'était épanouie, en même temps que jaillissait du sol cette merveilleuse floraison architecturale qui, dans ce pays pauvre et de moyens si précaires, étonne encore par sa richesse et par sa variété. Jamais la foi des humbles n'enfanta des miracles plus charmants. Au creux des vallons les plus reculés et sur les hauteurs les plus sauvages, parmi les ajoncs des landes et jusque dans les dunes des grèves, l'art des tailleurs de pierre prodigua des chefs-d'œuvre. Toute la péninsule se peupla de calvaires, d'ossuaires, de chapelles, d'oratoires élégants et magnifiques, ouvragés comme des bijoux. Le dur granit breton semblait s'attendrir sous le ciseau et tantôt se découpait, comme de lui-même, en guipures d'une légèreté incomparable; tantôt s'effilait en flèches aériennes d'une sveltesse jusqu'alors inconnue.

Le désir de contempler ces merveilles nouvellement écloses, la douceur de prier dans des sanctuaires plus beaux et, par suite, pensait-on, plus féconds en grâces, ne furent pas pour peu dans le développement considérable que prirent, à cette époque, les migrations annuelles du Trô-Breiz. Joignez que la piété bretonne a toujours été d'essence voyageuse. Elle participe, elle aussi, de cet esprit d'aventure qui est, au dire de Renan, un des traits caractéristiques de la race.

Aujourd'hui encore, elle se plaît aux dévotions lointaines. Elle a ses confréries de « pèlerines par procuration » que vous rencontrerez en toutes saisons par les routes, leurs souliers à clous noués sur l'épaule, une fiole dans la poche pour puiser aux fontaines saintes, et, dans les doigts, en guise d'insigne, la verge de saule écorcé. Les *pardons* eux-mêmes seraient-ils si courus, s'ils n'étaient avant tout des occasions de grands déplacements? Dans la fidélité qu'on leur garde entre pour beaucoup l'allégresse que donnent l'imprévu, l'espace, la fuite des paysages, le changement d'horizons.

Et, toutefois, ces pèlerinages modernes à Saint-Yves ou à Rumengol, à la Palude ou à Sainte-Anne d'Auray, c'est à peine s'ils peuvent nous retracer une faible et mesquine image de ce que durent être, aux siècles de ferveur profonde, les imposantes manifestations du Trô-Breiz. Les érudits locaux nous enseignent qu'elles se produisaient quatre fois l'an, aux époques dites les *Quatre Temporaux*, qui étaient, pour parler comme les Bretons, Pâques fleuries, Pâques de Pentecôte, la Saint-Michel et la Nativité.

Des foules immenses y prenaient part. Pendant tout un mois, — car telle était la durée de chaque Temporal, — c'était, sur toutes les voies tant de l'aller que du retour, une suite ininterrompue de processions cheminant, clergé en tête, par étapes, et accomplissant, dans les trente jours prescrits, un circuit de près de deux cents lieues. La campagne ne portait, en effet, son fruit que si on la menait tout entière à pied. Et, cette obligation, les ducs de Bretagne s'y astreignaient avec autant de scrupule que leurs plus minces sujets. Nous le savons par l'exemple de Jean V, qui nous a été légué par son historiographe. Atteint de la rougeole à Rennes, en 1419, il promit, s'il se tirait d'affaire, d'entreprendre le voyage des Sept Saints. A l'automne, il était en route, accompagné d'un seul serviteur, son fidèle amiral du Penhoët, et les sept villes épiscopales furent visitées par lui, à tour de rôle, sans autre apparat.

Vers quel temps et pour quelles raisons cette pieuse pratique commença-t-elle de tomber en désuétude, les livres n'en disent rien. Il est probable que les guerres de la Ligue, qui eurent en Bretagne un caractère particulièrement sauvage, lui furent mortelles. L'armée royale était surtout composée de soudards anglais, de lansquenets allemands et d'arquebusiers gascons, tous gens fort peu suspects de tendresse à l'égard des Sept Saints et avec lesquels il était prudent de n'avoir pas maille à partir. On demeura donc chez soi, tant qu'ils tinrent le pays ; et, quand ils le vidèrent, on eut assez à faire de réparer les ruines qu'ils y avaient laissées. Il ne fut plus question du Trô-Breiz. Le souvenir s'en effaça peu à peu. Au xviii° siècle, l'hagiographe dom Lobineau lui consacre à peine quelques lignes, comme à un rite ancien depuis longtemps démodé. On en pouvait croire le nom même aboli dans la mémoire populaire. Ma surprise, on le conçoit, fut grande de l'entendre sortir, à l'improviste, de la bouche d'un homme sans lettres, comme était Roparz le cordier.

III

— Ça, lui demandai-je, vous en avez donc ouï parler, du Trô-Breiz ?

Comment ! s'il en avait ouï parler !... Mais ses parents, qui habitaient en ce même lieu — les Roparz ayant toujours été cordiers de père en fils, — hébergeaient périodiquement une pauvresse qui, jusqu'à sa mort, ne manqua pas une année d'accomplir le pèlerinage. Il l'avait connue. Il lui semblait la voir encore, avec son visage mince et ridé sous sa cape de grosse laine, les mèches éparses de ses cheveux gris s'échappant du serre-tête noir qui était toute sa coiffure. Elle était originaire des contrées de la mer, là-bas, devers Lanmeur ou Plestin. Régulièrement, elle commençait son itinéraire par Tréguier, d'où elle s'acheminait sur Saint-Brieuc, mais après avoir fait le crochet de Bulat, parce que c'était la direction suivie par la « route verte », le trajet consacré. C'est ce détour de près d'une quinzaine de lieues qui l'amenait à traverser ces parages de la montagne.

Elle arrivait au cœur de l'hiver, le plus souvent la veille de Noël. Grands et petits s'attendaient à sa venue, chez les Roparz. On la savait ponctuelle, comme la mort, et que nulle intempérie n'était pour la faire hésiter. Quand les premiers sons de l'Angélus tintaient au clocher de Callac, on pouvait dire :

— Nanna Trô-Breiz n'est plus très loin !

On ne l'appelait jamais autrement que par ce sobriquet de Trô-Breiz. Elle aimait, du reste, qu'on la désignât ainsi ; et, soit qu'elle en fît mystère, soit, comme il est possible, qu'elle l'eût elle-même oublié, elle laissa constamment ignorer son vrai nom. Elle n'était pas moins discrète sur sa vie. A quelques allusions, cependant, les Roparz crurent comprendre qu'elle avait été autrefois dans une situation plus fortunée. Aussi bien, l'on s'en fût douté, rien qu'à ses façons. Elle avait dans le ton et dans le regard quelque chose qui imposait. Elle inspirait un sentiment assez complexe où il entrait de la déférence, de la commisération et un peu de crainte.

Lorsqu'elle avait pris, dans le logis des Roparz, la place qu'elle affectionnait, au coin de l'âtre, c'étaient eux qui avaient l'air d'être chez elle. On la comblait d'attentions. Elle les recevait sans le moindre embarras, en personne qui a conscience de ce qui lui est dû. La première écuellée de soupe trempée était pour elle et, le repas fini, c'était, parmi les enfants, à qui lui tiendrait le tison pour allumer la minuscule pipe en bois qu'elle portait, attachée par une épinglette, à la devantière de son tablier. L'usage du « pétun » était, en effet, une de ses faiblesses. Elle trouvait plaisir à fumer, en quoi elle ne faisait, d'ailleurs, que suivre une mode très répandue chez les Bretonnes de son temps.

Les genoux au feu, la tête inclinée sous le vacillant reflet de la chandelle de résine, et sa menue pipette aux lèvres, elle se laissait aller volontiers à dévider le fil de ses souvenirs. On lui demandait comment s'était terminé son voyage de l'année précédente, et elle se mettait à conter, de sa voix douce, ses étapes au long des « routes vertes », sous la pluie, sous le vent, sous la neige et toutes les inclémences de la dure saison.

Hélas! elles devenaient de plus en plus malaisées à suivre, ces « routes vertes », au milieu des transformations qui s'opéraient de toutes parts dans la face des choses, principalement en pays gallot. Jadis, c'était un honneur de travailler à leur entretien, et les paroisses dont elles traversaient le territoire veillaient à ce qu'elles fussent aussi ombragées en été, aussi ratissées en hiver, que des avenues de château. Les pèlerins, pareillement, y contribuaient de leurs deniers. Des troncs espacés de distance en distance, et creusés tantôt dans le bois d'un arbre, tantôt dans la pierre d'une fontaine, recueillaient des oboles uniquement destinées à couvrir les frais de ces espèces de prestations sacrées... Quelques-uns de ces troncs subsistaient encore de-ci de-là. Mais, bien avant la Révolution, l'argent avait cessé d'y pleuvoir, et il ne dut guère s'en détacher que de vieilles rouilles, lorsque Chouans et Bleus entreprirent, avec une fureur égale, de les dévaliser. Quant aux municipalités des paroisses, elles avaient maintenant d'autres charges et d'autres intérêts. Que leur importait cette vaste sente herbeuse qui n'était plus hantée que par les vaches en rupture d'entraves ou les chevaux errants? Si, du moins, elles s'étaient contentées de la laisser à son abandon, à son veuvage! Mais non. Voici qu'en beaucoup d'endroits on lui faisait subir le sort des terrains vagues; on allait jusqu'à la mettre à l'encan! Déjà, sur de larges étendues, le parcours traditionnel n'était plus reconnaissable. Nanna s'y retrouvait encore, grâce à son flair de pèlerine, grâce aussi à des points de repère qu'elle notait précieusement dans sa mémoire: une cime d'arbre, la cheminée d'une ferme, le coq d'or d'un clocher...

— Ma route, je la porte là! disait-elle en touchant du doigt son front têtu, labouré d'une double ride profonde qui faisait, en effet, penser aux ornières des vieux chemins.

Elle ne se plaignait donc pas pour elle-même de ces bouleversements. Mais elle s'en indignait, comme d'une profanation. Quoi ! livrer au défrichement, à la culture, un sol sanctifié par une dévotion séculaire ! Planter le coutre de la charrue là où tant de générations ferventes avaient imprimé la trace de leurs pas ! Jamais la bonne vieille n'eût osé concevoir comme possibles de semblables monstruosités. Et ce qui achevait douloureusement de la confondre, c'est que le clergé breton assistait d'un œil indifférent à ces nouveautés impies, si même il ne pactisait pas avec les coupables. Ce devait être le commencement des temps prédits pour le règne de l'Antéchrist.

— Vous verrez qu'on sèmera bientôt du chanvre dans les cimetières et qu'on étendra le linge à sécher jusque sur les croix des tombes...

Elle avait, en prononçant ces paroles, un air quasi farouche de prophétesse. Soudain elle ramenait sur ses genoux une fausse poche en forme de bissac, qui pendait nouée par une corde à sa ceinture, et en tirait une sorte de missel orné de beaux fermoirs d'argent, qu'elle ouvrait avec mille précautions, car les pages en étaient aussi mûres qu'une jonchée de feuilles à l'automne. Ce livre était, pour les Roparz, un objet de curiosité et d'admiration. Il rehaussait encore à leurs yeux le prestige de l'étrange pauvresse et les confirmait dans l'idée qu'elle n'était pas une personne du commun, mais bien quelque ancienne « demoiselle » bourgeoise, peut-être même quelque « noble » déchue. Rares étaient alors, dans les campagnes bretonnes, les paysans qui savaient lire, et l'instruction, chez les femmes surtout, était considérée comme un attribut supérieur qui n'allait pas sans un peu de magie. Il n'était pas jusqu'aux livres eux-mêmes qu'on ne crût doués d'un pouvoir occulte, et comme animés par une force mystérieuse, par un « Esprit ».

Dans celui de Nanna Trô-Breiz habitait l'âme collective des Sept Saints. On y voyait leurs images parées de couleurs éclatantes, une représentation des épisodes les plus marquants de leur vie terrestre, des scènes, enfin, empruntées à l'ère la plus florissante de leur culte. Le chemin de pèlerinage était figuré par une ondoyante écharpe verte aux deux bords de laquelle s'alignaient des rangées d'arbres mystiques ployant sous une charge de fruits surnaturels. Des groupes de pèlerins défilaient : noirs, au départ, à cause de l'ombre de leurs péchés qui était sur eux, ils arrivaient au terme tout de blanc vêtus, et des anges leur tendaient des palmes. Nanna commentait avec une ardeur passionnée ces naïves enluminures. On eût dit qu'elle avait vécu en ces âges lointains, qu'elle avait joué son personnage dans ces équipées héroïques et qu'elle avait eu part à tous leurs enivrements. Elle semblait parler, non d'après une tradition immémoriale, mais d'après ses propres souvenirs.

Elle évoquait la fièvre des préparatifs, dans les masures comme dans les manoirs, le rendez-vous sur la place de la bourgade, le deuxième dimanche de décembre, à l'issue de matines, puis le cantique de marche entonné par le chef de troupe et répété en chœur par tous ceux qui partaient. La caravane sainte était depuis longtemps hors de vue qu'on entendait encore trembler les modulations des voix à travers le silence des campagnes, dans la sonorité cristalline du ciel hivernal. Et, à tous les carrefours, par tous les chemins, par toutes les sentes, d'autres processions débouchaient, grossissant d'un flot sans cesse renouvelé l'immense rivière humaine déroulée sur le parcours du Trô-Breiz.

Et dans cette multitude régnait une fraternité vraiment évangélique. Un même frisson d'enthousiasme et de piété rapprochait tous ces pèlerins de la Noël bretonne, comme au temps où, sur la foi d'une étoile, se mirent en route pêle-mêle les Mages avec les bergers. On n'avait qu'un sentiment, qu'une âme. Il n'y avait plus ni riches, ni pauvres, ni seigneurs, ni vilains. Le hoqueton de bure coudoyait le pourpoint de velours et toutes les classes étaient confondues.

Ensemble on rompait le pain, au repas de midi, près des fontaines sacrées. Ces fontaines étaient les habituels lieux de halte. La plupart — comme celle qui se peut voir encore au pied de la colline de Bulat — étaient couronnées de gracieux édicules et divisées en sept bassins surmontés d'autant de niches où trônaient les statuettes en pierre des sept primats bretons. Sur tout le pourtour, de larges bancs de granit sculpté s'offraient aux voyageurs, soit en guise de sièges, soit en guise de tables, et des vieilles du quartier, qui étaient comme les prêtresses de ces sources, se tenaient près de la margelle pour souhaiter la bienvenue à chacun et le faire boire dans une tasse d'argent.

Par intervalles, sur les hauteurs désertes ou dans la solitude des landes, se montrait une maison d'aspect bizarre, une maison sans porte et qui ne recevait de jour que par un soupirail unique ouvrant sur le chemin. Une sébile était posée sur le rebord extérieur de la lucarne. Très vite on y laissait tomber son aumône et l'on passait, tandis que du fond de cette espèce de sépulcre s'exhalait une action de grâces triste comme une plainte :

— Que la pitié des Sept Saints de Bretagne soit sur vous et vous préserve du mauvais mal !

C'était la logette de quelque lépreuse ou de quelque lépreux. Elles étaient placées à dessein le long de la route du Trô-Breiz, afin que les misérables qui y étaient emmurés vivants eussent part aux prières des pèlerins comme à leurs charités.

Il y avait, Dieu merci, des rencontres moins pénibles. L'hiver est la saison où se célèbrent presque tous les mariages en Bretagne. Or, il ne se faisait pas une noce sur les terres traversées par les pèlerins, sans que ceux-ci fussent conviés à la fête. Leur présence était regardée comme une bénédiction. Une table spéciale était dressée pour eux sous la grange ou dans l'aire, et les nouveaux époux veillaient eux-mêmes à ce qu'elle fût constamment garnie de victuailles. Libre à chacun de manger à sa faim et de boire à sa soif. Aux plus besogneux, l'usage était de distribuer par surcroît un viatique.

C'est le cœur tout ragaillardi qu'on reprenait le bâton de route.

A l'étape, le soir, le gîte était toujours assuré. Les gens de haut parage, eux, avaient leur chambre prête dans les châtellenies d'alentour. Les autres trouvaient à s'héberger dans les fermes, ou mieux encore dans les « aumôneries » construites exprès à leur intention. Ces aumôneries, comme celle fondée par la reine Anne à Saint-Jean-du-Doigt, étaient souvent de vrais manoirs, d'une architecture très soignée, avec de grands porches à plein cintre et de belles fenêtres à meneaux. Dans la cheminée monumentale de la cuisine qui servait en même temps de réfectoire, brûlaient d'immenses flambées d'ajonc dont la clarté était à elle seule une joie et un réconfort. Les « grâces » récitées en commun, l'on gagnait les pièces affectées au coucher. C'étaient des dortoirs d'une espèce assez particulière. De lits, il n'y en avait point. Une épaisse « paillée » de froment en tenait lieu, à moins que ce ne fût de la fougère sèche ou du varech épave. Ce genre de matelas était peut-être un peu rustique: mais quoi! le Christ naissant n'en avait pas eu d'autre... Et puis, ce n'est pas le coucher qui importe, c'est le sommeil.

Hommes et femmes s'allongeaient sur cette litière, sans se dévêtir, et y dormaient le plus paisiblement du monde, côte à côte, dans une promiscuité toute fraternelle que n'effleurait aucun penser troublant.

Non pas que le Trô-Breiz ne fît parfois éclore de chastes et discrets romans d'amour. Il en était un, de dénouement d'ailleurs fort mélancolique, auquel Nanna touchait volontiers. Le héros était un gentilhomme du Léon ; l'héroïne, une jeune « héritière » du Trégor. Tous deux entreprenaient pour la première fois la tournée sainte, et jamais jusqu'alors ils ne s'étaient rencontrés. Pendant plusieurs jours ils cheminèrent l'un près de l'autre sans échanger ni un mot ni un regard, mais, dans les prières et les cantiques, leurs voix se mêlaient, quoi qu'ils en eussent, et, le tiers environ du trajet accompli, comme ils étaient pour entrer dans Aleth, au son des cloches malouines, voici qu'ils s'aperçurent tout à coup qu'à leur insu leurs âmes s'étaient parlé. Ils firent la main dans la main le reste du voyage. A Vannes, devant les reliques de saint Paterne, ils se fiancèrent. Ils n'attendaient que d'être à Saint-Pol pour lier indissolublement leur sort. Déjà ils avaient laissé, loin derrière eux, le pays de saint Corentin et les horizons mouvementés de la Cornouailles ; déjà ils avaient franchi la délicieuse vallée de l'Elorn, toute murmurante encore de la plainte enchantée de Tristan ; déjà, sur la ligne violâtre de la mer de janvier, ils voyaient se profiler les tours jumelles de la cathédrale léonnaise et monter dans le ciel, comme une fusée de granit rose au soleil levant, la flèche incomparable du Kreiz-Kêr. Ils allaient être heureux... Ils ne le furent pas. Pourquoi ? Qu'était-il survenu ? La passion du gentilhomme s'était-elle brusquement dissipée avec le charme de leur pieux vagabondage ? Ou bien les parents s'étaient-ils mis à la traverse d'une mésalliance ? Les Roparz n'en surent jamais rien.

A ce moment de son récit, la conteuse, très émue, s'arrêtait court. Que si l'on avait la maladresse d'insister, de la presser pour qu'elle en dît davantage, elle ne manquait pas de quitter son escabelle et, plantant là ses hôtes, sans même les honorer d'un bonsoir, disparaissait par l'échelle dans la soupente du grenier où elle avait sa couette et où, jusqu'à une heure avancée de la nuit, on l'entendait d'en bas marmonner des *De profundis*...

IV

— M'est avis, conclut le cordier, que l'histoire était un peu la sienne. Sur les routes abandonnées du Trô-Breiz, peut-être est-ce le spectre de quelque amour défunt qu'elle s'obstinait à poursuivre.

— Et elle, demandai-je, quelle fut sa fin?

Mystérieuse aussi. A partir de 1814, elle ne se présenta plus chez les Roparz. L'hiver de cette année-là avait été d'une rigueur exceptionnelle. Des bandes innombrables de loups que la croyance populaire disait accourus de Russie, à la suite des Alliés, infestèrent les chemins de la montagne, vinrent rôder autour des maisons isolées et jusque dans les rues des villages. Aux abords de Callac, on en massacra jusqu'à vingt-cinq dans une seule battue. Quand, à la Noël d'après, on ne vit point reparaître Nanna, il ne fit doute pour personne qu'elle n'eût péri sous la dent des fauves.

— Et cependant, murmura le chanvreur en hochant la tête, il y a vraiment des choses extraordinaires...

— Quoi donc ?

Il hésita une minute, puis précipitamment :

— Eh bien! à toutes les veilles de Noël, sans exception, les sabots de quelqu'un d'invisible résonnent longtemps sur la « route verte », et je veux que cette corde serve à me pendre, si ce ne sont point les sabots de Nanna Trô-Breiz !

I

EN TRÉGOR

AMOUR DE « CLERC »

Vieilles comme la race des hommes dont elles bercèrent la rude et laborieuse enfance, les légendes, pour surannées qu'elles soient, ont encore de temps à autre leur regain d'actualité. J'en veux aujourd'hui conter une que je dédie à l'auteur applaudi de *Princesse lointaine*. C'est à la musique de ses vers, dits avec un tel charme d'incantation par madame Sarah Bernhardt, qu'elle s'est en quelque sorte levée du milieu de mes souvenirs, tout imprégnée d'une pénétrante tristesse celtique. Je la recueillis, en effet, il y a environ cinq ans, des lèvres d'une fileuse bretonne, sur les bords embrumés de la mer occidentale. On n'y verra point apparaître de remparts sarrasins, ni de chevalier aux armes vertes, ni surtout le délicat symbolisme que vous savez. Elle n'en a pas moins une parenté assez proche avec la « geste » si exquisement ouvragée de M. Rostand ; elle en est comme la sœur de lait, d'origine plus humble et d'âme moins raffinée… Au reste, la voici.

I

Le châtelain de la Roche-Jagu, près de Pontrieux, avait deux fils, deux jumeaux. L'aîné avait pris pour lui la force, la fougue, l'esprit d'aventure de ses ancêtres, si bien que le cadet n'eut en partage que ce que l'on appelle en Bretagne « le lot des filles » : un corps élégant, mais frêle, des goûts de rêve, le dédain de l'action, une infinie puissance d'amour. Cette opposition de leurs natures n'empêchait point les deux jeunes hommes d'avoir l'un pour l'autre une tendresse profonde, plus rassise chez l'aîné qu'on avait surnommé le Rouge, à cause de la couleur de ses cheveux, plus exaltée chez le cadet à qui l'on avait accoutumé de donner le titre de « Clerc », parce que sa mère, disait-on, dès le berceau, l'avait voué à la prêtrise.

Le Rouge, un matin, s'étant prosterné à genoux devant ses parents, leur demanda, avec leur bénédiction, la permission d'aller courir les terres et les mers. Ils lui dirent :

— Pars, puisque c'est ta volonté.

Quand il fut pour embrasser son frère, comme celui-ci pleurait à chaudes larmes, il lui promit, pour le consoler, de lui rapporter de son voyage tout ce qu'il voudrait.

— Eh bien! prononça le cadet, jure-moi de me rapporter le Livre magique, ou sinon de ne plus me quitter.

L'aîné jura... Moins d'une année après, il était de retour à la Roche-Jagu, couvert de sang et de gloire, riche d'un énorme butin qu'il étala avec une joie robuste de conquérant dans la salle d'honneur du château.

— Toi, dit-il à son frère, voici le livre que tu as souhaité d'avoir.

De quoi le Clerc fut fort surpris, car, s'il avait demandé ce livre, c'était, — vous l'avez deviné, — avec la certitude qu'il n'existait pas. Il se mit toutefois à le feuilleter, distraitement, d'abord, et bientôt avec un intérêt croissant. A partir de la dixième page, ses yeux ne s'en purent plus détacher.

Ce livre était un missel d'amour, écrit à la

louange de la Princesse Vierge dont il célébrait la grâce merveilleuse et l'incomparable beauté. Le cœur du Clerc s'enflamma d'une ardeur sans espoir pour cette princesse inconnue. Il languit, se dessécha, comme une plante habituée à l'ombre, qu'on expose brusquement au grand soleil. Sa mère qui le voyait dépérir de jour en jour eut beau le supplier de s'ouvrir à elle des causes de son mal. Elle ne put tirer de lui une parole.

Le Rouge cependant se disposait à reprendre la mer. La veille du jour fixé pour son départ, le Clerc le pria de lui accorder un moment d'entretien et lui dit :

— Peut-être, dans tes voyages, te sera-t-il donné de rencontrer Celle qu'on nomme la Princesse Vierge... Alors, annonce-lui qu'un Clerc de Bretagne sera mort pour elle de la triste fièvre d'amour.

— N'est-ce donc que cela! s'écria l'aventurier. Je ne sais où loge cette dame, mais viens, monte avec moi sur ma nef, et, quelque part qu'elle se cache, nous la saurons bien découvrir.

II

Le lendemain, ils s'embarquaient ensemble dans une nef neuve dont la marraine du Rouge, une magicienne, avait de ses doigts de fée tissé les voiles... D'après les indications du livre, la Princesse Vierge habitait un palais de diamant, dans une île d'émeraude, par delà les brumes mystérieuses du septentrion. Ils cinglèrent donc vers le Nord, virent sur leur route des merveilles que saint Brandan avait contemplées avant eux et dont il nous a laissé la description dans le récit de son périple, entendirent des musiques célestes, traversèrent tour à tour des mers blondes comme le miel, des mers roses, des mers lactées, et, finalement, jetèrent l'ancre en des eaux d'une limpidité extraordinaire, devant une île verte ou s'élevait un palais de lumière chatoyant de toutes les irisations du ciel. Alentour, des monstres déchaînés hurlaient. Le Clerc, debout à la poupe du vaisseau, aperçut une svelte forme blanche qui peignait, à l'une des fenêtres, ses longs cheveux déroulés. Et, la montrant du geste à son frère :

— C'est Elle, balbutia-t-il, je la *reconnais*!

— Très bien, fit le Rouge, mais l'accès ne me paraît point facile... Il faut d'abord que nous nous débarrassions de tous ces aboyeurs. Cela me regarde. Aie seulement un peu de patience. Avant la tombée de la nuit, je les aurai fait taire du premier au dernier.

Ces mots à peine achevés, il fendait déjà les flots, brandissant au-dessus de sa tête son épée nue. La lutte fut terrible. De larges coulées de sang rougirent au loin la mer.

La princesse, accoudée à son balcon, suivait des yeux le combat. Le soleil n'était pas encore couché que tous les monstres gisaient sur le rivage, à jamais inoffensifs, et que l'aîné de la Roche-Jagu montait d'un pas sonore les degrés du palais de diamant. Que se passa-t-il ensuite? De tout temps les princesses, même les Princesses Vierges, ont eu du penchant pour les soudards, et le héros le plus impeccable est sujet à faillir...

La nuit était venue; le Clerc, anxieux, attendait. Sans qu'il sût pourquoi, une tristesse immense lui étreignait le cœur. Et voici, soudain, qu'une des chambres du palais s'éclaira d'une lueur étrange. Les cheveux de la Princesse Vierge était ainsi faits qu'ils brillaient dans les ténèbres d'un éclat surnaturel. A leur clarté, le pauvre Clerc vit les lèvres de son frère s'unir à celles de la femme qui lui était si chère et si sacrée. Et il sentit le peu de vie qui lui restait s'arrêter comme une horloge qui cesse de battre. Son âme s'exhala en une parole de malédiction contre le traître; mais, en s'échappant, elle fit un tel soupir, que les deux amants coupables, subitement refroidis, s'interrompirent au milieu de leur baiser.

III

Ils ne le reprirent jamais, et plus on ne les revit. La nef, d'elle-même, s'en retourna vers la Roche-Jagu, emportant le cadavre du jeune homme. C'est elle que l'on voit passer quelquefois, au large des côtes, quand le vent souffle des régions boréales; ses voiles, brodées au chiffre d'une fée, ont la nuance du safran qui est, là-bas, une couleur de deuil; à la cime des mâts brûlent des flammes de cierges funéraires et l'on entend à bord comme un gémissement plaintif d'oraisons...

Ainsi se raconte la légende au pays d'Occident. On la trouvera sans doute pauvre et nue à côté de son opulente sœur du Midi. Et ce sera, si l'on veut, une nouvelle raison d'affirmer la supériorité des littératures méridionales sur celles des peuples moins favorisés du soleil.

AUTOUR DE RENAN

Juillet, 1893.

Une petite ville dont les oreilles ont dû tinter ces jours-ci, c'est Tréguier. On a beaucoup parlé d'elle dans les gazettes. Une fois n'est pas coutume. Silencieuse et comme cloîtrée en son étroit horizon de collines, sans autre bruit que le murmure de la mer montante, aux deux berges de sa rivière salée, et les mélancoliques sonneries de cloches de ses monastères, elle est peu faite pour occuper d'elle le vaste monde à qui elle n'est reliée que par une patache et dont tout contribue à l'isoler, ses habitudes d'esprit plus encore que sa situation. Se doute-t-elle seulement de la guerre de plumes qu'elle a déchaînée?

On sait les origines du débat. Lors de sa première réunion, au cours de l'hiver dernier, l'Association amicale des Bretons de Paris, voulant se placer sous le patronage du plus illustre des enfants de la Bretagne, émit le vœu qu'une statue fût élevée à Renan dans sa ville natale. Rien de plus légitime, on en conviendra. M. A. Dayot, l'auteur de la proposition, semblait avoir toutes chances de la mener à bien. Il croyait pouvoir compter sur le concours de la municipalité de Tréguier dont les sentiments de libéralisme lui étaient connus. Son attente fut déçue. A la demande d'adhésion qui lui était adressée le conseil municipal de Tréguier répondit par une fin de non-recevoir. On conçoit sans peine le désappointement attristé de M. Dayot, désappointement que tous les Bretons, — ceux du moins qui ont quelque souci de la dignité de la petite patrie, — ont vivement partagé. Les journaux s'emparèrent de l'incident : les uns, les réactionnaires, pour féliciter la municipalité de Tréguier de l'énergie de son attitude ; les autres, les républicains, pour lui faire sur sa couardise des reproches sanglants.

Hélas! le pauvre conseil n'a mérité, je pense, ni les pierres que ceux-ci lui jettent, ni les fleurs dont ceux-là le couvrent. Et sans doute lui était-il difficile d'agir autrement qu'il n'a fait. Le vrai, c'est qu'en obtempérant au vœu des Bretons de Paris, il eût allumé une guerre civile, une guerre religieuse d'où, selon toute apparence, il serait sorti vaincu et d'où la statue de Renan elle-même, m'affirme-t-on, ne serait point sortie intacte. C'eût été une revanche de fanatiques et d'iconoclastes.

Un de mes amis accompagnait un jour M. Renan dans une de ces visites que, sur le tard de sa vie, il avait accoutumé de faire chaque été à sa maison familiale. Ayant poussé la porte d'une chambre dont l'unique fenêtre donnait, par-dessus les toits de la ville, sur une échappée de campagne, le maître dit :

— Voici la pièce où je faisais mes devoirs d'écolier, et voici la petite table où je m'asseyais. Voilà bien aussi le paysage que j'avais devant les yeux. J'en reconnais chaque détail : ce joli lieu est celui qu'on appelle d'un si joli nom, *Turzunel*, la Tourterelle ; là-bas sont les champs de Trédarzec et, plus loin, par delà la rivière, les délicieux bois de Kerhir. Rien n'a changé.

Non, rien n'a changé ; et, dans ce milieu charmant, mais fermé, les âmes, comme les choses, sont restées les mêmes. Oh ! nullement féroces, certes. De bonnes âmes plutôt, dans toute l'acception du terme, très douces pour l'ordinaire, et d'une fréquentation aimable, mais promptes à s'exalter au moindre froissement et capables alors des pires résolutions. L'influence des femmes, si considérable en Bretagne, est, à Tréguier, prépondérante. Elles y exercent une sorte de dictature sentimentale contre laquelle il n'est pas toujours aisé ni prudent de regimber. Vieilles ou jeunes, celles-ci avec leur fraîcheur sérieuse de roses mystiques, celles-là avec leurs minces figures de cire embéguinées dans le tulle blanc des cornettes, toutes donnent l'impression de personnes d'un autre âge, obstinément confinées en un rêve qu'elles jugent d'autant plus précieux qu'il est plus suranné.

Dans l'anecdote que j'ai rapportée ci-dessus, M. Renan, montrant du doigt, à l'extrême horizon, la silhouette bleuâtre des collines du Goëlo, ajoutait :

— Quant à ce pays lointain, tout là-bas, je ne savais de quel nom le nommer. C'était l'inconnu : il me terrifiait. Je n'osais y arrêter les yeux. Il avait fini par représenter pour moi la Russie dont un de mes oncles, vétéran de l'Empire, m'entretenait comme d'une contrée de désolation et de mort.

Pour la plupart des habitants de Tréguier,

tout ce qui déborde leur étroite conception de l'univers moral est, de même, une terre hyperborée d'où souffle le vent des idées mauvaises et dont ils se détournent avec effroi. On conçoit dès lors, si on ne l'excuse point, la détermination du conseil. « L'essence de la critique est de savoir comprendre des états très différents de celui où nous vivons[1]. » C'est précisément en songeant à Tréguier que M. Renan a écrit cette phrase.

Il n'eût point été surpris, quant à lui, de l'espèce d'ostracisme dont sa statue vient d'être l'objet de la part de ses compatriotes. Il les aimait, au nom d'un passé qui lui était resté cher, mais il se rendait bien compte que cette sympathie n'était pas, ne pouvait pas être payée de retour. Un abîme le séparait d'eux. Il ne se faisait à cet égard aucune illusion. En une circonstance mémorable, lors du banquet de 1884 que présida, si je ne me trompe, le maire du Tréguier d'alors, quelques observateurs superficiels purent croire à un rapprochement. La population, si elle ne montrait pas beaucoup d'empressement, ne donnait pas non plus de marques d'hostilité. Mais les amis bretons de

---

1. *Souvenirs d'enfance et de jeunesse*, p. 87.

l'illustre écrivain ne se méprirent point à cette attitude d'un respect plus apparent que réel. Lui-même en fut moins dupe que personne. Il visita le cloître dans l'après-midi, en compagnie de quelques intimes. Ce cloître est une des choses exquises de Tréguier. Enfant, il y avait beaucoup vécu ; il se plaisait là, parmi la paisible solitude des « tombes du xv° siècle qui y sont couchées, près de ces chevaliers, de ces nobles dames », dormant d'un sommeil hiératique avec une levrette à leurs pieds et un grand flambeau de pierre à la main. Comme il évoquait ces souvenirs, avec une bonhomie souriante mêlée d'une nuance d'attendrissement, quelqu'un dit :

— C'est bien. Les Trégorrois sauront où dresser votre statue.

A quoi il répartit :

— Un simple abri funéraire. C'est tout ce que je demande. J'aimerais à reposer ici...

Et, avec un mélancolique hochement de tête, il ajouta :

— Mais *ils* ne voudront jamais !

Jamais, ô maître illustre, c'est trop dire. Nous persistons à croire, malgré le démenti des faits présents, que votre heure viendra. On vous rendra justice un jour, même en votre pays. Que ce soit plus tôt ou plus tard, qu'importe! Vous n'en serez ni diminué, ni grandi. Et Tréguier, quoi qu'elle fasse, reste votre obligée. Par vous, une parcelle d'immortalité lui a été dévolue. Elle ne se lavera jamais de l'honneur d'avoir été la patrie de Renan.

II

Septembre 1896.

Cinq ans à peine se sont écoulés et voici que la ville natale de Renan, à défaut de sa statue, va du moins inaugurer son médaillon. Qui donc accusait la municipalité de Tréguier de manquer de courage? Croyez qu'elle en a montré, et du plus hardi, le jour où elle a enfin décidé qu'une plaque commémorative serait posée sur « la maison de la rue Stanko ». Je me suis laissé dire que la séance fut orageuse. Le vieil esprit local poussa les hauts cris, et l'on raconte qu'un des adversaires du projet, à bout d'arguments topiques, s'exclama :

— Qu'est-ce qu'il a fait pour notre port?...

Oui, répondez un peu, monsieur Renan, qu'avez-vous fait pour le port de Tréguier? La question était évidemment embarrassante. Le conseil eut, néanmoins, l'énergie de passer outre et, le soir, comme « ces dames du Tiers-Ordre » sortaient de faire leurs dévotions à la cathédrale, elles apprirent avec épouvante que « la plaque était votée ».

J'ai voulu revoir, l'autre jour, la vieille et vénérable maison. Elle se dresse à l'angle de la Grand'Rue et de la ruelle Stanko, dans un des recoins les plus pittoresques du vieux Tréguier, à mi-chemin de la cathédrale et du port. C'est une construction bourgeoise du xve ou du xvie siècle, flanquée, au midi, d'un pavillon formant tourelle qui lui donne un peu l'air d'un manoir, d'un petit hôtel seigneurial. On entre par un corridor obscur dont une des portes latérales s'ouvre sur la boutique d'un boulanger. Au fond, à gauche, est une pièce étroite, éclairée par une haute fenêtre et servant aujourd'hui de cuisine : c'est là, paraît-il, que madame Renan avait sa chambre, là aussi qu'elle mit au monde son fils Ernest, par une grise aube de février de l'an 1823. Le jour triste qui baignait la pièce, quand nous y pénétrâmes, me fit songer à cette phrase, j'allais dire à cette strophe des *Souvenirs d'enfance* : « Dans les premières lueurs de mon être, j'ai senti les froides brumes de la mer, subi la bise du matin, traversé l'âpre et mélancolique insomnie du banc de quart. »

Un large escalier à vis que l'on monte en s'aidant d'une corde en guise de rampe mène à l'étage, occupé par un tailleur, puis aux chambres hautes du pavillon. De la plus élevée, la vue s'étend librement, par-dessus des jardins et des venelles, jusqu'à la berge goémoneuse du Jaudy, en face des quais, et, plus loin, vers les collines gracieusement ondulées du pays de Trédarzec où les chaumes et les landes alternent avec les vergers et les bois. Ce grave et harmonieux horizon resta toujours particulièrement cher au cœur de Renan. Ne fut-il pas la première échappée de nature ouverte devant ses regards, le décor intime de ses premiers rêves?

Et voici, sous les combles, le réduit de quelques pieds carrés où s'écoulèrent les heures enchantées de sa studieuse jeunesse, rythmées par les sonneries de la cathédrale et par le refrain des calfats du port. Ce cabinet de travail que visitèrent si souvent les fées et les muses est présentement le gîte d'un facteur rural. Nous trouvâmes ce digne homme en train d'astiquer sa bicyclette. J'imagine que l'auteur des *Dialogues philosophiques* aurait pris plaisir à tirer de ce contraste des rapprochements inattendus.

M. Renan eut toutes les bonnes fortunes, même d'inspirer à ses locataires une vénération sans mélange. Dès qu'il était bruit de son retour dans sa ville natale, ils s'empressaient à lui faire fête. Régulièrement, ils le priaient à dîner. Une année, sur la fin de sa vie, il accepta, par crainte de blesser ces braves gens en se dérobant toujours à leurs avances. Ce fut une grande rumeur et une joie vive dans la vieille maison. Le gala eut lieu chez la boulangère du rez-de-chaussée. Quand la volaille fut apportée sur la table, l'excellente femme, dans la sincérité de son émotion et la naïveté de son cœur, s'écria :

— Jugez, monsieur Renan, à quel point nous vous aimons. Voilà six ans que nous avions cette poule, et nous l'avons tuée en votre honneur !

— Vraiment, repartit M. Renan, avec un sourire que l'on devine, j'en suis si navré pour cette pauvre bête que je ne sais si j'aurai le courage de goûter de sa chair.

Force lui fut d'en prendre deux fois, et il se laissa faire par bonté d'âme.

Ce n'est pas sans raison que ses locataires le chérissaient : il était, on peut le dire, le propriétaire idéal. Nul ne fut plus que lui de sa race, de cette « race de rêve », inapte aux négoces d'argent, dont il a si bien connu et analysé les vertus et les faiblesses. Il nous conte, dans les *Souvenirs,* qu'à la mort de son père, sa mère le conduisit en pèlerinage, sur la rive opposée de l'estuaire trégorrois, à Saint-Yves-de-la-Vérité, et que là, l'ayant fait agenouiller à la porte de l'oratoire, elle le plaça sous la tutelle de l'avocat des veuves et des orphelins, le seul membre du barreau que l'Église ait canonisé. Depuis lors, il s'en remit presque uniquement au bon saint du soin de gérer ses affaires temporelles.

Il eut toutefois, pendant de longues années, une intendante terrestre chargée de percevoir ses modestes revenus et de les garder par devers elle, jusqu'à ce qu'il les réclamât. Dans le pays, on l'appelait, si je ne me trompe, « la vieille Gode ». C'était une très honnête femme, mais un peu besoigneuse et n'ayant que de vagues notions d'arithmétique. Trois ou quatre fois il arriva à M. Renan de lui demander des comptes et, chaque fois, se reproduisait la même scène, d'un comique touchant. Le dialogue était à peu près celui-ci :

— Eh bien ! insinuait M. Renan, où en sommes-nous, ma vieille Gode ?

— Ah ! mon doux monsieur, gémissait l'intendante avec de tristes hochements de tête, ces derniers temps ont été durs. Quelques misérables francs, c'est tout ce que j'ai pu faire rentrer. Un tel a tremblé la fièvre de saint Kadô qui, comme vous savez, ne dure jamais moins de soixante jours. Tel autre a eu à fêter la naissance de deux jumeaux...

Suivait toute une kyrielle d'événements heureux ou malheureux à laquelle M. Renan se hâtait de couper court, en disant d'un ton de componction :

— Ne vous désolez pas, vieille Gode ; l'année prochaine, il faut l'espérer, les choses marcheront mieux.

Ainsi finissait invariablement ce règlement d'intérêts.

Cet aspect de la physionomie si multiple de Renan est peut-être le moins connu. On n'est pas près d'avoir tout dit sur le penseur ni sur l'écrivain : ces détails, pour menus qu'ils soient, peuvent aider du moins à mieux pénétrer l'homme. Ce prétendu sceptique fut le plus discret et le plus délicat des philanthropes. Il n'y a sans doute personne, à Tréguier, qui soit à même d'énumérer les titres de ses ouvrages. En revanche, parmi les humbles qui l'approchèrent, il n'en est pas un qui ne vous cite mille traits charmants de son inépuisable bonté. Ceux-là ne se plaindront point qu'une première réparation tardive soit enfin offerte à ses mânes. Et leur vœu, comme celui des lettrés, ne sera rempli que le jour où à la plaque de granit succédera le Renan de marbre, assis sous les ormes de la Grand'Place, vis-à-vis la porte du cloître gothique dont, toute sa vie, la nostalgie le hanta.

AU COLLÈGE DE TRÉGUIER

I

Septembre, 1896.

Chaque fois qu'il était amené à parler de l'humble collège ecclésiastique où il fit ses premières études et dont la discipline marqua toute sa vie morale d'une empreinte si profonde, M. Renan avait coutume de dire :

— Je m'étonne qu'entre tant de bons esprits que cette maison a formés il ne s'en soit pas encore trouvé un pour nous tracer d'elle un tableau familier. Ce serait un curieux chapitre de mœurs scolaires. Moi, je n'ai pu qu'y toucher, dans mes *Souvenirs*. C'est tout un livre qu'il y faudrait, et je le voudrais écrit par un prêtre...

Or, voici que ce livre vient d'être publié ; j'ai passé un délicieux après-midi de septembre à le feuilleter, précisément sous les arceaux du vieux cloître où le « petit Ernestic » promena si souvent les rêveries solitaires de son enfance et dans lequel il eût souhaité d'avoir son tombeau. L'auteur a jugé à propos de dérober sa personnalité derrière un pseudonyme; mais il est aisé de deviner son caractère véritable, quelque soin qu'il prenne de le dissimuler. A toutes les pages du volume, on respire je ne sais quelle odeur d'église et comme un parfum sacerdotal. Le vœu de M. Renan est donc rempli, et, si je ne me trompe, par un de ses anciens condisciples, trop tard, malheureusement, pour que l'illustre Breton ait pu s'en réjouir.

Je me le représente lisant cette œuvre et la commentant, un soir de vacances, à l'ombre des grands arbres de Rozmapamon, dans le calme paysage de verdure et d'eau bleue d'où l'on perçoit, quand le vent souffle de terre, la lointaine sonnerie des cloches de Tréguier. Il en eût goûté la bonhomie souriante, la sincérité candide et même, je pense, les inhabiletés. Et, sans doute, eût-il remercié Jean de Kerual, — autrement dit l'abbé France, — d'avoir fait revivre devant ses yeux la fidèle et naïve image d'une époque à laquelle il resta toujours attaché par des liens si chers et qu'il se plaisait lui-même à parer de toutes les séductions.

On se rappelle ces lignes des *Souvenirs d'enfance et de jeunesse* : « Mes condisciples étaient pour la plupart de jeunes paysans des environs de Tréguier... Presque tous travaillaient pour être prêtres... Le latin produisait sur ces natures fortes des effets étranges. C'étaient comme des mastodontes faisant leurs humanités. » Jean de Kerual fut de la génération de ces écoliers quasi préhistoriques.

II

Né dans un manoir du Goélo, d'une famille de laboureurs, il partagea, jusque vers sa quatorzième année, l'existence toute patriarcale des hommes de son clan rustique, l'esprit meublé seulement de quelques oraisons en langue bretonne et des légendes qu'aux veillées d'hiver contaient dans l'âtre les fileuses. Entre temps néanmoins, un de ces *magisters* nomades, sous-officiers en demi-solde ou tabellions en déconfiture, qui voyageaient alors de ferme en ferme pour offrir leurs services, lui apprit à lire dans un alphabet primitif dont toutes les majuscules étaient ornées d'une croix de Malte et que l'on désignait, pour cette raison, par le nom bizarre de *Croix de Dieu*. Puis, quand il sut à peu près tenir la plume, le recteur du bourg lui inculqua, non sans de vigoureuses bourrades, les éléments du latin. Au bout d'un an de ce régime, on le jugea suffisamment mûr pour le collège.

Un matin, en s'éveillant, Jean de Kerual, par les volets à jour de son lit clos, vit toute la maison en rumeur; un feu d'enfer illuminait le vaste foyer et les servantes s'empressaient, affairées, autour des marmites fumantes : c'étaient les préparatifs du dîner des adieux. On y avait convié, selon l'usage, les proches parents et les ecclésiastiques de la paroisse. Ils vinrent par grandes charretées, burent et mangèrent jusqu'au soir, et, bien repus, donnèrent au futur clerc, qui une accolade, qui une bénédiction. Lui se sentait triste et troublé. Tréguier lui apparaissait comme une mystérieuse ville de songe dont l'idée, d'avance, le terrifiait. Il fallut cependant se mettre en route.

Jean de Kerual noua ses livres d'une ficelle, aida son père à charger dans la voiture le bagage de literie ; et, au petit jour, tous deux partirent. Sur le trajet, on racola trois ou quatre étudiants qui, les vacances finies, regagnaient à pied le collège ; leurs propos rassurèrent le pauvre Jean et lui adoucirent les étapes de l'exil.

Bientôt surgit de derrière les collines la haute flèche de la cathédrale, et, après de longs détours aux abords de la cité sainte, nos voyageurs s'engagèrent enfin dans la ruelle étroite, flanquée d'antiques murailles, qui conduit à la porte du séminaire. Le « supérieur » les reçut aimablement ; mais, quand il s'agit de caser le nouveau pensionnaire, on ne trouva plus de place où dresser sa couchette. Dortoirs et chambres étaient combles. Il ne restait de libre qu'une cage d'escalier. Le supérieur invita Jean de Kerual à s'en contenter, en lui rappelant que pareille aventure advint à saint Alexis.

Pénibles furent les débuts du jeune paysan dans l'apprentissage de la vie cléricale. Comme la plupart de ses compagnons, la nostalgie des champs et des horizons libres l'obsédait. Durant les récréations, on se réunissait par groupes dans les angles des cours pour se lamenter en commun ; ou, si l'on circulait en devisant, il n'était jamais question dans ces entretiens que de labourage, de bétail, de jeux rustiques, de fêtes agricoles. Peu à peu, toutefois, ces cerveaux doux et têtus, à qui le français était presque étranger, parvenaient à puiser quelque divertissement dans l'étude du latin et du grec. Subjugués par l'ascendant de leurs maîtres, ils s'humanisaient, s'appliquaient au travail avec une ardeur résignée de tâcherons.

Leur installation était, au reste, des plus précaires. Ils vivaient entassés dans des salles sombres où ils n'avaient pour les éclairer que d'affreux quinquets dont le contenu s'égouttait en un pleur nauséabond sur leurs vestes de toile bise, sur leurs livres et sur leurs cahiers. C'est d'eux qu'on pouvait dire sans métaphore que leurs élucubrations sentaient l'huile.

Sur les méthodes d'enseignement, Jean de Kerual demeure muet. Voici, en revanche, une silhouette de professeur. Ce « saint prêtre, le Lhomond du collège » était un homme fort instruit, mais d'un caractère extrêmement nerveux et impressionnable. Le moindre bruit l'agaçait; la chute d'une plume ou d'un crayon suffisait à le mettre hors de lui. Il se surveillait, d'ailleurs, tout le premier. Par exemple, ayant l'habitude de se promener en classe, toujours chaussé, comme un paysan, de lourds sabots garnis de paille, il trouvait moyen de marcher avec une telle circonspection qu'on eût dit le pas étouffé d'une ombre. Un jour, il eut une belle colère. C'était dans la saison des fourrages : brusquement, la porte s'ouvrit et on vit paraître sur le seuil une bonne figure béate de campagnard qui demanda, — sans malice aucune, je suppose, — « si l'on avait pas besoin de foin ». Les écoliers rirent de tout cœur, mais le régent, furieux, faillit se colleter avec le rustre.

III

Il y avait ainsi dans cette existence studieuse des heures de douce gaieté. Le jeudi, tout le collège s'acheminait, un peu à la débandade, vers le fameux « bois de l'Évêché », sorte de « Pré aux Clercs » trégorrois, inclinant ses gazons épais jusqu'à la berge du Guindy et mirant, à haute mer, dans les eaux brunes du fleuve, ses futaies de hêtres et de chênes vieilles de près de quatre cents ans. Là, ces fils des champs arrachés à la glèbe reprenaient contact avec la terre sacrée. Heureux de pouvoir redonner carrière à la fougue de leurs premiers instincts, ils se livraient, avec une espèce de volupté brutale, aux exercices les plus violents. Leurs cris, leurs éclats de joie bruyante n'étaient pas sans effarer le religieux silence qui plane d'ordinaire sur la ville et que rythment seuls des tintements espacés de messes ou des Angélus de béguines.

On rapportait de ces échappées en plein air une provision de belle humeur dont on ne manquait pas de semer quelques bribes sur le parcours. Il y avait, en effet, dans le voisinage du collège, toute une galerie de types burlesques aux dépens desquels il était de tradition que s'égayât la verve peu difficile des écoliers. Tel, Fanche Coha, le légendaire bedeau de la cathédrale, un Quasimodo bas-breton, célèbre à vingt lieues à la ronde pour sa laideur et qu'on faisait mine de contempler avec des yeux d'extase ; tel, Briand, un quémandeur d'aumônes, surnommé *Petit sou* ; tel, Maurice Ygrec, épave ballottée par on ne sait combien de mers et qui n'avait retenu de ses lointains vagabondages qu'une romance italienne, le *Piscator d'Alrenda* ; tels encore, Mouz Quénolé, le pasteur de chèvres, et Héry Doguen, le pasteur de porcs que l'on saluait invariablement d'un : *Margaritas ante porcos*, parce que les mauvaises langues l'accusaient de diriger volontiers son troupeau vers les parcs d'huîtres ; tel surtout,

Ewanec Seblen, un Figaro grincheux, qui vous poursuivait le rasoir à la main si vous aviez le malheur de toucher à votre menton imberbe en longeant la devanture de sa boutique. J'en passe, et des plus étonnants. M. Renan lui-même ne pouvait se défendre de rire, quand ses amis de Tréguier lui rappelaient le nom de « Tognès ar C'hok », de l'antique sibylle au nez camard qui, éternellement assise sur une pierre, à l'angle de la rue du Collège, possédait le plus riche vocabulaire d'imprécations dont jamais sorcière ait été douée. Que de fois l'horrible vieille ne l'avait-elle pas agoni d'injures, lui prophétisant, à lui et à son fidèle Guyomar, le pire destin !

Une catégorie de gens dont les clercs trégorrois ne songeaient point à se moquer, c'étaient les « commissionnaires ». Ces bons voiturins arrivaient à époques fixes, juchés tout en haut de leurs misérables véhicules aux essieux criards, sur un amoncellement de paquets, de marchandises, de produits de toute nature et de toute forme. Ils venaient, au petit trot de leurs attelages, des cantons les plus éloignés ; souvent, ils avaient dû voyager toute la nuit, enveloppés dans leurs grosses limousines. Avant de descendre à l'auberge où ils avaient coutume de remiser leurs bêtes, ils faisaient une station devant la porte du collège, ouverte, pour la circonstance, à deux battants.

On les attendait comme des messies; dès l'aube, on les guettait par les lucarnes du toit, on se bousculait dans les couloirs pour se précipiter à leur rencontre, et ils n'avaient pas posé le pied à terre que les écoliers fondaient sur eux, ainsi qu'une volée de moineaux sur un arbre fruitier. D'aucuns les embrassaient avec effusion, collaient avidement les lèvres à leurs vêtements souillés de boue, comme pour respirer toute fraîche l'odeur du sol natal. C'est proprement une litanie que Jean de Kerual entonne en l'honneur des braves rouliers qui lui apportaient chaque samedi, outre le linge et les vivres de la semaine, des nouvelles de ses parents et de son clocher: « Flaquiel, Péron, Huart, s'écrie-t-il, que vos noms soient bénis! »

IV

Au fond, ni ce Jean de Kerual, ni ses compagnons ne se consolent d'avoir dépouillé la rudesse et la simplicité des mœurs primitives. Théocrite et Virgile n'éveillent dans leur esprit que des enthousiasmes de commande. Ce sont des lettrés malgré eux qui n'aspirent qu'à redevenir des barbares. Du commencement à la fin de leurs études, ils restent au collège des dépaysés. Notre auteur raconte, à cet égard, une anecdote bien caractéristique.

Il avait pour voisin, dans la salle de travail, un compatriote, enfant de la campagne comme lui, qui, profitant de ce que son pupitre occupait l'embrasure d'une fenêtre, imagina, le lendemain de la fête des Morts, de semer dans un pot à fleurs un grain de blé recueilli, l'été précédent, sur l'aire paternelle. Jour à jour, il le soigna, le cultiva, l'exposant, selon qu'il le croyait nécessaire, tantôt au soleil, tantôt à la pluie. Ce grain leva, grandit, reçut un tuteur le long duquel monta lentement la tige, et, avant la clôture de l'année scolaire, le jeune laboureur en chambre eut la joie de voir la plante mûre se couronner d'un épi.

Tels étaient ces clercs, mélange singulier de littérature superficielle et de rusticité foncière. Renan fut toujours un isolé parmi eux : ils le coudoyèrent sans le comprendre, et peut-être en le dédaignant. Lui-même nous a révélé le sobriquet dont ils l'affublèrent : ils l'appelaient

Mademoiselle, le sentant de race plus fine et d'âme plus complexe. Entrés dans les Ordres, ces « mastodontes » faisaient, d'ailleurs, d'excellents prêtres, vénérés de leurs ouailles. C'était pour eux une façon de retourner à leurs origines. Ils vivaient, dans leurs presbytères de campagne, de la vie de leur entourage paysan. Leur pensée, peu active, ne se hasardait guère au delà d'un cercle borné. Il en fut ainsi de Jean de Kerual; ce qui ne l'a pas empêché de se raconter à nous dans un livre peut-être un peu gauche de forme, mais d'un sentiment exquis.

L'AGONIE D'UN CULTE

I

C'est à Port-Blanc de Trégor, un samedi soir, veille du 15 Août. Nous sommes, sur l'étroite jetée, une douzaine de personnes qui attendons d'embarquer. A bord du cotre qui doit nous prendre, on fait les derniers préparatifs de départ, sans entrain, avec une sorte de solennité triste.

— Ah! me confie le patron Manchec, il y a quelque trente ans, vous eussiez vu un autre spectacle. Ce n'était point une barque, en ce temps-là, mais dix, mais vingt batelées de monde qui mettaient à la voile vers La Clarté. On retenait sa place un mois à l'avance. Le jour venu, tout ce quai, derrière nous, était noir de passagers. Nous chargions à couler bas, sûrs, du reste, qu'il ne pouvait nous arriver malheur : Notre-Dame ne l'eût pas permis... La cloche de la chapelle sonnait à toute volée au moment de l'appareillage et on hissait la toile au chant des cantiques. Les chœurs alternaient d'une embarcation à l'autre ; des marins, retour du service, accompagnaient les voix avec leurs accordéons : ce n'était qu'une musique sur la mer. Et par la terre aussi, le long des sentiers de grève, serpentaient en files interminables des cortèges de pèlerins, des femmes surtout, que la traversée effrayait, ou bien des hommes qui avaient promis de se rendre au sanctuaire nu-pieds... Tenez je me rappelle ceci. Le préfet d'alors imagina de visiter nos parages pour voir si l'on y célébrait avec la pompe prescrite la fête de l'Empereur, qui avait été fixée comme vous savez à cette même date du 15 août. Il n'y trouva que des seuils clos et des bourgades désertes. En vain demanda-t-il à parler aux maires : ils étaient tous au pardon de La Clarté. Force lui fut de s'y faire conduire lui-même pour leur administrer sa semonce.

Et le patron Manchec conclut en son breton sentencieux, avec cette résignation fataliste qui est peut-être le trait le plus profond de la race :

— Tout cela est loin !... Les dévotions changent comme les hommes : il n'y a que Dieu qui soit éternel.

II

Il fait un de ces grands ciels nuageux, extraordinairement vivants et dramatiques, qu'on ne voit guère que sur cette côte. Tout l'espace est en mouvement. C'est une perpétuelle création de formes qui se détruisent, à peine organisées, et glissent d'une fuite insensible dans un prestigieux décor de rêve que la lumière du soir baigne de teintes délicates, d'un éclat un peu pâle, mais d'une infinie douceur.

Nous voguons sur une mer couleur d'améthyste. Il souffle un vent de saison que les pêcheurs de ce quartier appellent « le vent de la Vierge », parce qu'il se lève d'ordinaire en août, aux approches de l'Assomption, en décembre, aux approches de la Nativité; et il entraîne les nuages dans la direction que nous suivons nous-mêmes, de sorte qu'eux aussi, comme le remarque quelqu'un de l'équipage, « pèlerinent vers La Clarté ».

Bien que trois lieues marines, ou plus, nous séparent du sanctuaire, on distingue nettement sa fine silhouette, dressée comme un mât de sémaphore au sommet d'un long pays nu qu'on dirait taillé en proue et qui, de la distance où nous sommes, semble couper la mer d'un tranchant brusque, ainsi qu'une gigantesque étrave de granit. Vrai sémaphore des âmes, en effet, c'est à dessein qu'on érigea ce clocher dans cette solitude, pour être aux populations du Trégor ce que la tour du Kreizker est aux populations léonnaises, une vigie sacrée, un signal de reconnaissance, de ralliement et de prière. De tous les points du territoire il est visible; mais c'est pour les marins surtout qu'il a été campé là, comme en vedette. A lui va leur premier salut, à l'arrivée; à lui leur dernier salut, au départ. L'âpre échine de l'*armor* trégorrois s'est depuis longtemps affaissée derrière eux qu'ils aperçoivent encore, au-dessus de la ligne d'horizon, l'immobile mâture de pierre, dont l'image s'obstine à les accompagner sur les eaux. Et, lorsqu'elle est pour disparaître, rares sont ceux qui ne se signent point, en marmonnant un bout d'oraison.

Un d'eux me disait un jour, avec un naïf jeu de mots :

— Adieu La Clarté, morte la joie !

C'est l'inconnu, désormais, et le dépaysement définitif, et la mélancolie des navigations lointaines.

Au nombre des passagers de la *Reine-des-Anges* sont trois femmes de pêcheurs, dont une veuve qui, depuis que son homme « s'est péri », n'a plus toute sa raison. Elles se sont accroupies un peu à l'écart, sur l'avant, dans l'ombre de la trinquette. Deux d'entre elles égrènent le chapelet à mi-voix, l'une récitant les *Ave*, l'autre donnant les Répons ; la veuve chantonne une complainte pieuse qu'elle interrompt de temps à autre pour se pencher sur le bordage et tremper ses mains dans le clapotis. Parfois elle ramène une poignée d'algues et se met à rire doucement. Dans son visage maigre, brouillé de hâle, ses yeux clairs et ses lèvres fines sont d'une étrange suavité. Soudain, comme nous venons de franchir la pointe de Tomé, elle étend le bras dans la direction du large, nous montre du geste, au ras des eaux, la frange d'un nuage encore illuminée des dernières pourpres du couchant; et à deux reprises, la figure extasiée, elle s'écrie :

— *Itrón Varia! Itrón Varia!...*

C'est une tradition dans le pays que Notre-Dame de Port-Blanc, cousine de Notre-Dame de La Clarté, ne manque jamais de faire visite à sa parente, la veille de sa fête ; elle se rend auprès d'elle par mer, en marchant sur la crête des vagues, comme Jésus faisait autrefois sur les flots des lacs de Judée, et, pour la folle, c'est le resplendissement miraculeux de sa robe qui passe là-bas, en une traînée de lumière, au fond du ciel assombri.

Mais voici les balises du chenal de Perros, la courbe harmonieuse de la Rade et les façades des maisons, d'un blanc de fantôme dans l'obscurité qui tombe des collines d'alentour. La *Reine-des-Anges* mouille à l'abri du môle et nous nous acheminons à pied, sous les étoiles, vers la hauteur sacrée. Les abords en sont, hélas! devenus méconnaissables.

Naguère, c'était ici un coin sauvage, une terre d'une désolation grandiose, creusée d'anses profondes et secrètes qui donnaient la sensation de l'inexploré. La plainte de la mer y avait je ne sais quoi de plus solennel, de plus religieux, qui élargissait encore le vaste silence ; et les cris flûtés des courlis, au crépuscule, y semblaient des appels d'âmes en détresse. Cette austère et mélancolique nature est aujourd'hui envahie par les inventeurs de « petits trous pas cher » : ils l'ont peignée, parée, peuplée de villas et d'hôtels, et très suffisamment enlaidie sous prétexe de l'embellir. On a fauché les fougères, déraciné les ajoncs, labouré à la bêche, pour y semer des fleurs quelconques, les merveilleux tapis de bruyères cendrées. Il n'y a qu'une chose que les bâtisseurs de chalets et de casinos n'ont pu enlever à ces falaises et à ces landes, et, celle-là, ils ne la supprimeront qu'en supprimant tout : sol, mer et ciel, je veux dire la farouche, l'implacable tristesse dont le paysage, même apprivoisé, même humanisé, reste empreint. D'ailleurs, le mal ne s'est pas encore propagé au delà de la combe de Treztraou, et le hautain promontoire qui porte l'église de la Vierge demeure à peu près intact.

III

Le chemin par lequel on y gravit a gardé toute la fraîcheur et tout l'imprévu des antiques sentiers de pèlerinage. Il s'ouvre en entaille béante au pied du coteau, s'engage entre des talus en surplomb, sous des berceaux d'ormes nains qui y entretiennent perpétuellement la « nuit verte » dont parle Loti, puis, après s'être attardé à plaisir, comme pour aiguiser l'impatience des fidèles, il file le long de la crête, d'un trait presque droit, jusqu'à la « maison » de la sainte. Une dizaine de toits d'ardoise, ou de chaume, c'est tout le hameau de La Clarté. Logis proprets et hospitaliers, pour la plupart, dont les rustiques habitants font volontiers bon accueil aux peintres, aux poètes, et où, par exemple, je trouve Vicaire en train de noter le chant des sirènes après avoir décrit en vers si printaniers *le Clos des fées*.

Quelques tentes, dressées en vue du pardon à l'aide de voiles de rebut, encombrent la route qui forme l'unique rue du village. L'église découpe en noir sa masse puissante sur les lointains gris de la mer : on la dirait construite postérieurement au clocher qui la flanque et dont l'architecture a quelque chose de moins ordonné, de plus barbare ; elle est entourée d'un étroit cimetière sans tombes, feutré d'herbe fine exhalant à l'humidité de la nuit d'indéfinissables aromes.

Les pèlerins sont encore peu nombreux : ils n'arrivent guère que vers l'heure de l'ouverture des portes qui n'a lieu qu'après minuit. D'aucuns accomplissent, en attendant, les dévotions extérieures : des femmes à genoux, le front appuyé au bois des battants fermés, prient en silence ; d'autres pratiquent leurs ablutions à la fontaine où une vieille aux mèches grisonnantes sur un profil émacié de sibylle leur tend, moyennant une aumône, l'eau de guérison dans une écuelle en buis. Des files d'hommes, la veste sous le bras et les souliers noués sur l'épaule, suivent pieds nus le contour du mur d'enceinte.

Il se fait parfois à Notre-Dame de La Clarté de singuliers vœux. Tel, ce marin qui, sauvé des flots pour avoir invoqué son nom, jura d'aller suspendre à la croix de sa flèche le « suroît » qu'il portait le jour du péril. C'était courir mille morts au prix d'une. Aussi se fit-il accompagner des membres de sa famille et reçut en leur présence les derniers sacrements, avant d'entreprendre sa vertigineuse escalade. Neuf fois, dit-on, il manqua du pied les crampons de fer scellés dans la maçonnerie ; il sortit victorieux, néanmoins, de cette épreuve insensée, mais il fallut enfermer dans une auberge voisine sa mère à demi folle d'angoisse et de terreur.

Une séquelle de mendiants grouille sur les marches du calvaire et sous les arcades du porche : ils sont là, tous les professionnels du vagabondage, les mêmes que l'on rencontre à tous les pardons du Trégor, montant autour des sanctuaires leur faction glapissante, exhibant des plaies soigneusement entretenues et prélevant sur le pèlerin qui passe le péage traditionnel. La Clarté fut jadis celui de leurs rendez-vous où ils amassaient les plus sûrs profits. Mais pour eux aussi, paraît-il, les temps sont changés.

C'est, du moins, ce que m'affirme un grand diable de gueux à face patibulaire, étendu de son long sur une couette de paille, avec une chandelle brûlant sur une pierre à son chevet.

— Ce n'est plus un métier que le nôtre, grogne-t-il d'un ton courroucé. Les chemins de fer ont emporté la foi et nous ont apporté, en échange, la race des citadins. Des pharisiens, monsieur, tous ces désœuvrés des villes lointaines ! Au lieu de se laisser apitoyer par nos ulcères, ils s'en détournent avec horreur. Un d'eux disait tantôt, ici même, qu'on devrait nous coffrer tous. Coffrer des mendiants ! Voilà de leurs blasphèmes. Que Notre-Dame de La Clarté les confonde ! Je m'étonne que nos clochers ne se soient pas encore écroulés sur eux...

IV

C'est le matin, maintenant. Je suis venu m'asseoir sur un vaste entablement de roches qui domine le village, et, de ce lieu, à cette heure, dans l'éveil frissonnant du jour, je conçois sous l'influence de quel ravissement les Bretons ont donné à cette terre son nom de *Sklerder*, de Clarté. Tout y est lumière, en effet. On a l'impression d'être en haute mer, sur le pont rasé d'un navire immense. Le ciel et les eaux vous enveloppent de leur flamboyant éclat, et il n'est pas jusqu'aux énormes mastodontes de pierre, vautrés dans cette solitude préhistorique, qui ne brillent au moindre rayon de soleil, constellés d'une scintillante poussière de mica. Des îles tremblent sur l'horizon, dans une auréole de vapeur d'or. Et le spectacle est vraiment féerique...

Cependant, la bourgade s'anime peu à peu. De Ploumanac'h, de Trégastel, de tous les petits clans marins épars sur la côte, des groupes accourent à l'appel des cloches, les hommes en tricots noirs ou bleus, les femmes en *catioles* de dentelles, le buste drapé dans de longs châles de couleurs vives dont les franges leur tombent jusque sur les talons.

La mélopée des mendiants monte plus vibrante, et deux *sonneurs* nomades, adossés à l'un des contreforts de l'église, font rage sur leurs instruments, puis, soudain, s'interrompent de souffler, l'un dans son biniou, l'autre dans sa bombarde, pour entonner entre deux airs un lamentable couplet de complainte. C'est, du reste, la seule note locale. Le gueux à la paillasse avait raison : c'en est fait, à La Clarté, des grandes panégyries religieuses qui furent l'orgueil de son passé. La fête ne remplit plus son cadre, ni son objet. La ferveur des croyants a cédé la place à l'amusement des badauds. A la sortie de la procession, je remarque que les jeunes filles de blanc vêtues qui font escorte à la statue de la Vierge n'éprouvent aucune gêne, si même elles n'en ressentent un secret plaisir, à voir trente appareils photographiques, instantanés ou non, braqués sur elles : c'est signe, décidément, que l'antique pudeur bretonne achève de s'apprivoiser.

Je suis rentré par le chemin des falaises que fréquentent seuls les douaniers en service, les gardeuses de moutons et les ramasseurs d'épaves. Le monstrueux pays de pierre semblait retombé au silence et aux chaos des primitives nuits du monde. J'ai cherché des yeux au fond de l'espace, du côté du large, la trace lumineuse en qui la folle saluait hier la vivante apparition de Notre-Dame ; mais, sur la mer elle-même, sur la mer éteinte et muette, le « crépuscule des dieux » était descendu.

MASSACRES DE SEPTEMBRE

I

« ...C'est une chose à voir, m'avait écrit mon ami R.., tu ne peux rien imaginer de plus étrange et de plus saisissant. Tâche seulement d'être ici pour le 15 septembre, qui est la date, en quelque sorte, consacrée... »

Donc, au jour indiqué, je m'acheminai vers la vieille demeure hospitalière de Lézarnou. Elle est située sur la rive droite du Trieu, dans ce grave canton de Goélo où Renan plaçait le berceau de ses ancêtres. C'est un logis très ancien, une espèce de gentilhommière paysanne, semi-ferme, semi-manoir. Vendu en 1794 comme bien d'émigré, il fut acheté, avec ses dépendances, par le capitaine au long cours R..., dont la famille l'occupe encore présentement. Quand je dis la famille, c'est une façon de parler ; car, depuis plusieurs années déjà, elle se trouve réduite à deux hommes, deux frères, jadis mes camarades de collège, célibataires endurcis l'un et l'autre, résolus à ne pas faire souche.

Ils vivent là d'une existence retirée et quasi cénobitique, parmi un domestique nombreux de laboureurs et de pâtres. Le régime de la maison est celui d'une Trappe laïque. Le lever, le coucher, le repas, tout y est réglé, rythmé, par les sons argentins d'une cloche suspendue au-dessus de la porte principale et abritée par un auvent d'ardoises. Du plus loin que je parus, une servante la fit tinter pour avertir les maîtres de la venue d'un visiteur ; et, presque aussitôt, je vis Alfred R..., le cadet, qui s'avançait à ma rencontre. Les dernières flammes du soir achevaient de s'éteindre entre des fûts empourprés de grands hêtres.

— Tu arrives à point, me dit-il. Le dîner expédié, tu pourras assister à tous les préparatifs du massacre.

II

Moins d'une heure plus tard, nous quittions la salle à manger pour la cuisine. Celle-ci, vaste, profonde, dallée de granit, avec sa haute cheminée féodale, historiée d'un double écusson, offrait le spectacle le plus insolite et le plus animé. Les bancs qui entouraient la table, ceux, en forme de coffres, qui couraient le long des armoires et des lits, étaient garnis de paysans de tous âges, occupés à lier ensemble des branchettes de pin desséchées dont ils façonnaient fort dextrement des manières de torches primitives. Les uns appartenaient à la terre de Lézarnou, à titre de valets ou de journaliers ; les autres étaient des petits fermiers du voisinage, entremêlés de quelques artisans, bourreliers, tailleurs et forgerons, qui s'étaient rendus là du bourg le plus proche. L'instituteur communal figurait lui-même dans le nombre. Chacun vaquait à sa besogne sans lever la tête, triant les ramilles déposées en tas à ses pieds et les nouant, qui d'un brin d'osier, qui d'une liane de chèvrefeuille. De rares propos s'échangeaient.

— Attends, nous allons faire causer le vieux Bertram, me chuchota René, l'aîné des deux frères.

Il me désignait du doigt un personnage haillonneux, hirsute et contrefait, l'air d'un Quasimodo de village, qui, pour plus de commodité, s'était accroupi sur la pierre de l'âtre et dont la face d'orang-outang s'encadrait dans un collier de barbe blanche, roide et rude comme un lichen.

— Ça, Bertram, interrogea mon ami en breton, vous qui êtes un homme vénérable, au courant de tous les usages, dites-nous donc depuis quelle époque se pratiquent, dans notre région, ces battues de corbeaux.

Le vieux haussa les épaules et marmonna d'un accent grognon :

— Eh ! depuis qu'il y a des corbeaux, je pense.

— Faites excuse, Bertram ; ce n'est pas là répondre. Si vous fumiez une « pipée », cela vous donnerait peut-être de la mémoire.

Les yeux du bonhomme s'éclairèrent, et puisant une pincée de tabac à la blague qu'on lui tendait :

— Ce ne sont pas des choses qui s'oublient, fit-il, bien qu'on ne puisse dire au juste quand elles se sont passées. Ce terroir était alors bien différent de ce qu'il est. Sur les pentes où s'étagent aujourd'hui les bois de Plourivo, de Toull-an-C'hwilet, de Lanserf, ce n'étaient que bruyères et que landes où jamais corbeau n'eût imaginé de faire son nid. On ignorait de cette vilaine bête jusqu'à son nom. Et le blé germait en paix dans les cultures fromenteuses, au sommet du plateau. Brusquement, survint une armée d'Anglais : ils avaient remonté le Trieu sur des barques, dans le dessein de mettre le feu aux quatre coins du pays. On les laissa escalader la berge et s'engager dans les brousses. Mais, lorsqu'ils furent empêtrés jusqu'à mi-corps parmi les ajoncs, qui leur déchiraient les mains et leur entravaient les jambes, on se rua sur eux et, à coups de fourche, à coups de faucille, on les tailla en pièces. Pas un ne se sauva. Le tort que l'on eut, ce fut de ne point jeter à la rivière leurs cadavres. Ils restèrent à pourrir sur les lieux où ils étaient tombés, et de cette pourriture naquit peu après une plante singulière, d'une essence inconnue. On trouva d'abord qu'elle ressemblait à l'ajonc dont elle avait la verdure triste et jamais fanée. Mais, en poussant, elle devenait arbre, un arbre grêle et plaintif où le moindre souffle de vent éveillait de grands murmures, pareils à ceux de la mer. Bientôt, il y en eut toute une forêt. On n'y toucha point, parce qu'on en avait peur. On avait remarqué que les oiseaux eux-mêmes fuyaient les ténèbres mystérieuses de ces bois. Une seule espèce y fréquentait, venue on ne savait d'où et terrifiante par sa couleur comme par son cri. Quand on vit pour la première fois ces sinistres bêtes noires déployer leur vol au-dessus des pins, on ne douta pas que les âmes des Anglais se fussent réincarnées en elles, d'autant plus qu'elles montraient les mêmes instincts de pillage, la même fureur de dévastation. Elles déterraient le grain, les jours qui suivaient les semailles, lorsqu'elles ne le happaient pas en l'air, au sortir des mains du semeur. Longtemps on trembla devant ces monstres ; mais enfin la menace de la famine eut raison de l'épouvante, et la coutume s'établit de les pourchasser, une fois l'an, au cœur de leurs repaires, avant de confier la moisson future aux nouveaux sillons. Pensez-en ce qu'il vous plaira : je vous conte ce qu'on m'a conté.

A ce moment, tous les regards se tournèrent du côté de la porte. Un pâtre, que j'avais rencontré posté en vigie aux abords de la gentilhommière, venait d'entrer. Il annonça qu'il avait vu les dernières bandes de corbeaux traverser le ciel pour regagner les bois.

— Allons! s'écrièrent les assistants.

III

Déjà ils étaient debout, la torche de résine dans la main gauche, un fort bâton de houx solidement assujetti au poignet droit. Une servante fit circuler du cidre dans une écuelle et, cette libation terminée, l'on se mit en route.

La nuit, très calme, était d'un bleu de saphir et toute constellée. De l'estuaire, des brumes montaient, voilant la côte trégorroise. Nous longeâmes la chapelle de Lanserf qui abrite entre ses murs de pierres frustes la tombe d'un bâtard de Napoléon III. Devant nous se profilaient en noir les âpres hauteurs du Goélo, avec leurs crêtes hérissées de pins dont les panaches immobiles semblaient une ligne ininterrompue de nuages arrêtés à fleur d'horizon. Le chemin, après avoir franchi la zone des labours, ne tarda pas à se transformer en un raidillon abrupt où force nous fut de n'avancer plus qu'à la file, non sans trébucher de temps à autre dans les racines ou dans les cailloux. Nous atteignîmes ainsi la lisière des bois. Là, notre troupe fit halte, à quelques pas d'une chaumière qu'on eût plutôt prise pour une hutte de sauvage, à voir son pignon d'argile étayé par des perches et la claie de genêt tressé qui lui servait de porte. Bertram se dirigea vers l'unique lucarne et y frappa trois coups, en appelant à voix basse :

— Gritta ! Gritta !...

La claie de genêt se souleva ; par l'entre-bâillement se montra la tête d'une vieille femme.

— C'est la fée de la forêt, me dit René R... Elle y passe ses jours, et quelquefois ses nuits, à ramasser du bois mort ou à cueillir des herbes qu'on croit magiques. Nos gens professent pour elle un respect qui ne va pas sans un mélange de crainte. Ils prétendent qu'elle converse avec les arbres et que ceux-ci, rien que par un léger frémissement de leurs branches, la renseignent sur sa route, dans les ténèbres, lorsqu'il lui arrive de s'être égarée. Le certain, c'est qu'il n'y a pas sous bois un sentier qu'elle ne connaisse : aussi, dans les expéditions de ce genre, ne manque-t-on pas de s'assurer ses lumières, sans compter qu'elle a un flair merveilleux pour vous conduire tout d'un trait aux endroits où les corbeaux nichent en plus grand nombre.

L'instant d'après, Gritta prenait la tête de la colonne. Elle marchait pieds nus, sa cotte troussée jusqu'à ses jarrets. Au lieu de coiffe, elle portait un mouchoir enroulé autour du front comme un turban et qui laissait échapper des mèches de cheveux gris, une crinière d'étoupes mal cardées. Sa première parole, — et la seule, — avait été pour nous recommander le plus absolu silence. Nous nous élançâmes sans bruit sur ses traces. Au-dessus de nous, c'était maintenant la voûte de plus en plus obscure des pins : le sol était feutré de mousses humides qui assourdissaient nos pas et sur lesquelles nous glissions d'une allure quasi impondérable de fantômes. Nous avions l'air de nous rendre, sous la conduite d'une sorcière, vers quelque sabbat. J'évoquais des scènes du moyen âge, ou, plus près de nous, une équipée de chouans. Fréquemment ils cheminaient de la sorte, guidés par une femme, leurs terribles *penn-baz* noués à leurs poings, comme ceux de nos paysans. Et ce qui prêtait encore à l'illusion, c'était le cri d'oiseau nocturne, le « hou » strident et mélancolique tout ensemble que poussait par intervalles la vieille Gritta pour rallier des retardataires sans donner l'éveil aux corbeaux.

— Chut! murmura-t-elle soudain, nous sommes chez les bêtes.

Elle s'était assise à terre; les hommes imitèrent son exemple et, pendant quelques minutes, ils demeurèrent comme figés en statues, sans un geste, étouffant jusqu'au bruit de leur respiration. On eût pu se croire dans une solitude inviolée, vierge de toute présence humaine. Les hautes ramures versaient une ombre lourde et dense, où frissonnait une horreur sacrée. Le silence était si profond qu'on entendait choir les branchettes mortes. Des aromes balsamiques parfumaient l'haleine de la nuit, mêlés d'une senteur plus âcre, d'une senteur saline qui s'exhalait de la mer. Et, dans leurs nids, les corbeaux dormaient.

— Quand vous voudrez!... prononça la vieille.

Une allumette craqua, puis deux, puis cinq, puis vingt. En un clin d'œil, toutes les torches furent en feu. Les paysans s'étaient redressés d'un bond, au signal de la mégère, et ils allaient, venaient, couraient en tous sens, agitant leurs brandons enflammés, avec des appels, des provocations, des hurlements, des rires et cette clameur éperdue qui dominait tous les autres vacarmes :

— *Hû d'ar Vrân !... Hû d'ar Vrân¹ !....*

On eût dit une sarabande de sauvages en délire, une danse de guerre dans les forêts du Nouveau Monde. Les pins, éclairés en dessous par la lueur violente des torches, revêtaient les aspects les plus fantastiques. Il semblait que l'on vît leurs troncs se tordre comme de gigantesques salamandres et leurs cimes s'écheveler. Mais le plus effroyable, ce fut quand la trombe des corbeaux s'abattit. Ils se précipitaient, aveuglés, affolés, fascinés ; leurs croassements étaient à faire frémir. Adossé à un arbre, je les regardais tournoyer tels que des flocons fuligineux sur la pourpre d'un incendie ; et certes, jamais encore je n'avais contemplé pareil spectacle. C'était le carnage des temps barbares dans toute sa férocité. Les bâtons de houx des massacreurs décrivaient au-dessus de leurs têtes de larges moulinets sanglants. Ils frappaient au hasard, avec rage, ivres d'une fureur de tuer. Des plumes volaient, une rosée rouge et tiède pleuvait par gouttes ; des corps noirs jonchaient le sol, le bec démesurément ouvert, les ailes fracassées...

1. Sus au corbeau !... Sus au corbeau !...

IV

Lorsque nous redescendîmes vers le manoir, chaque septembriseur avait un chapelet de bêtes pantelantes passé à son cou.

— Eh bien ! me demanda René R..., t'avions-nous menti, et n'est-ce pas, en effet, la chose la plus étrange ?

— Sans doute, lui répondis-je ; mais, pour quelques grains de blé, c'est, peut-être, trop de sang répandu.

Il eut une moue dédaigneuse :

— Peuh ! fit-il... Du sang de corbeau !...

IMPRESSIONS D'AUTOMNE

— FRAGMENT D'UN JOURNAL DE MER —

I

— Ce n'est que la queue d'un grain, disaient les matelots.

Mais cette « queue » s'allonge, démesurée, formidable, fouettant la mer avec un bruit monstrueux. La fumée des embruns vole sur les vagues comme la poussière, l'été, sur un champ de manœuvres où chargent les escadrons. Par instants, on croit entendre le fracas sourd d'un galop multiplié. Ce sont les sabots de fer de la tempête qui sonnent ainsi, derrière nous, dans l'espace. Après conseil tenu dans le poste de l'équipage, il a été décidé que l'on fuirait devant elle et, si possible, qu'on tâcherait d'atterrir aux « Iles ».

Ces îles sont au nombre de sept. Elles forment en ce coin de la Manche un groupe de Cyclades brumeuses, vouées à un isolement presque éternel. Comme la Délos des antiques légendes helléniques, elles passent, dans l'imagination des pêcheurs de la côte, pour n'avoir point d'attaches fixes, pour être des terres vagabondes, libres de voyager où il leur plaît. C'est surtout par les très beaux temps qu'elles paraissent s'éloigner. Leur silhouette imprécise, teintée d'un rose délicat, semble se fondre dans la limpidité du ciel. Leur départ est un signe de bonace. On dit : « Les Iles s'en sont allées »; et, dans les petites chaumières du littoral, sur les seuils de pierre grise, les femmes tricotent paisiblement, sûres que la mer leur ramènera leurs maris : les Iles sont si loin !... Si elles se rapprochent, en revanche, si l'on voit, sur le vert assombri des eaux, se dessiner d'un trait violent leurs croupes inégales, d'un noir d'encre, les aiguilles s'arrêtent et les langues s'interrompent de jaser. On dit : « Les Iles sont revenues. » Les esprits s'émeuvent, comme à l'aspect de bêtes mystérieuses et malfaisantes.

Elles doivent avoir, ce soir, pour qui les

regarde du continent, une mine particulièrement sinistre. Même du large, elles ont des formes inquiétantes et hostiles. Une d'elles, la plus centrale, est surmontée d'une haute tour que l'on prendrait, à la distance où nous en sommes, pour le repaire de quelque Adamastor breton, de quelque horrible génie de la mer, maître souverain des tempêtes et dieu des flots en courroux. C'est cependant sur cette île que nous faisons cap. Nous marchons d'une vitesse prodigieuse, cinglés par l'averse; le tourmentin, seule voile que nous ayons gardée à l'avant, ronfle comme une peau de tambour. Le patron tient la barre à deux mains. De son dur visage qu'on dirait taillé à coups de couteau dans un vieux buis on n'aperçoit que les touffes de ses sourcils en broussailles, derrière lesquelles veillent activement ses yeux aigus. Soudain, nous l'entendons qui marmonne :

— Voici la chandelle allumée. Le gîte est proche.

Au sommet de la tour lointaine vient, en effet, de poindre une faible clarté. Elle brille là-bas, encore incertaine et falote, comme la lumière de la maison de l'ogre, dans les contes de fées. C'est une amie qui nous montre le port. Mentalement, nous l'invoquons : Salut, étoile rassurante, réconfort des navigateurs !... Peu à peu, son éclat s'avive. Mais le passage le plus redoutable nous reste à franchir. A tribord et à babord aboie une meute de récifs hurleurs. Une lune blafarde oscille sur les nuages comme fait notre barque dans les remous. Le paysage est vraiment diabolique. Les îles semblent, dans la nuit, des pans de murs gigantesques, les vestiges épars d'un continent sombré.

Nous tournons à l'angle d'une de ces ruines et, tout à coup, nous nous sentons pénétrer par une impression de bien-être, la plus délicieuse, je crois bien, que j'aie jamais éprouvée. Nous sommes dans des eaux relativement calmes. Le bateau lui-même reprend haleine ; il glisse d'une allure plus souple : sa membrure a cessé de geindre et ses cordages de grincer. Le refuge tant souhaité n'est plus qu'à quelques encâblures. Dans le ciel, au-dessus de nos têtes, les réflecteurs du phare promènent en cercle les bras immenses d'une croix de feu, comme pour exorciser l'orage, et, de fait, les puissances démoniaques du vent ne se hasardent point en deçà de la zone enchantée.

II

Nous jetons l'ancre dans une crique à fond de sable abritée entre deux parois de granit. Un sentier en corniche, surplombant l'abîme, serpente aux flancs de la falaise et conduit à une espèce de terre-plein que dominent les remparts encore intacts d'un ancien ouvrage fortifié. Naguère, un détachement de soldats occupait l'île sans autre mission que de fumer mélancoliquement des pipes devant le spectacle de l'infini. On les a relevés une fois pour toutes de cette faction sans objet et les logements qui leur servirent de caserne n'hébergent plus que des rats et des chouettes, à moins que — comme c'est notre cas — des mariniers surpris par le gros temps ne viennent chercher à l'ombre de leurs voûtes une place où dormir en sécurité.

Nous comptons bien nous y étendre tout à l'heure, sur les couchettes de varech qui y sont étalées en permanence, à la disposition du premier venu. Mais, auparavant, nous voulons grimper jusqu'au phare : il doit faire si bon là-haut, dans la chambre close de la lanterne dont les persiennes de cristal dardent sur nous de rouges rayons incandescents ! Et nous avons, sous nos cirés ruisselants, des airs si lamentables ! Nous sommes si gelés, si morfondus !...

— Montez, nous dit le gardien-chef.

— Et nous montons. A mesure que nous gravissons les marches de l'étroit escalier, la voix de l'ouragan, au dehors, grossit et s'exaspère. Nous nous faisons l'effet de mouches égarées dans un tuyau d'orgue, un jour de messe solennelle. C'est, d'étage en étage, un déchaînement de plus en plus désordonné d'harmonies effrayantes et sublimes. Le phare tout entier vibre comme un mirliton grandiose dans lequel soufflerait ce que Victor Hugo appelle la « bouche d'ombre ». Sur le palier supérieur, l'homme pousse une porte.

— Entrez ici, fait-il. C'est la pièce aux machines. Vous jouirez de la chaleur sans être éblouis par la flamme. Avant une demi-heure vous n'aurez plus un fil de mouillé.

Comme nous hésitons un peu au seuil de ce réduit obscur où s'enchevêtre tout un système compliqué d'engrenages, il ajoute :

— Soyez sans crainte. Louarn est là, — mon second, un vieux de la vieille... Et même, s'il vous faut des histoires pour passer le temps, vous pouvez vous fier à lui. Il en connaît et sait les conter.

Tandis que le « chef » redescend souper en famille, dans la cuisine proprette, aux cuivres luisants, son « second », le nommé Louarn, nous convie à nous asseoir à ses côtés sur le banc de quart. Dans l'espace exigu où nous sommes resserrés il règne une moite tiédeur d'étuve. La buée qui s'élève de nos vêtements mêle un fort parfum de saumure à l'odeur d'huile rance qui remplit la pièce.

Par nuit de tempête, dans une chambre de phare, de quoi causer, si ce n'est de naufrages ? Louarn a été le témoin de bien des catastrophes, depuis près de vingt ans qu'il habite ces lieux farouches.

— Vingt ans moins quatre mois, oui, monsieur... Ç'a été pénible, dans les débuts, très pénible... Deux choses surtout me manquaient : le son des cloches et la vue des arbres. Je suis natif d'un pays vert. Longtemps j'ai pleuré après les haies d'aubépine et les vergers ombreux... Présentement je n'y songe plus. Je me suis fait à cette terre sauvage ; j'y ai pris racine parmi les bruyères, le serpolet et le gazon marin. On m'a souvent proposé des résidences plus avantageuses. Je n'ai pas voulu. Il ne sied pas plus à un gardien de changer de phare qu'à un capitaine de changer de bateau. Et, d'ailleurs, je suis ici aux premières places, comme vous dites, pour assister aux représentations à grand orchestre des drames de la mer. Ah ! j'en ai contemplé de toutes les sortes, je vous promets... Tenez, pas plus tard qu'avant-hier, une goélette s'est perdue sous mes yeux ; elle courait vent arrière et s'est empalée sur un récif à fleur d'eau. Pendant une longue heure les hommes se sont appelés les uns les autres désespérément. Une voix d'enfant surtout, la voix du mousse, je pense, s'égosillait à fendre l'âme. Mais, brusquement, une rafale a passé, et tout s'est tû...

Nous écoutons les récits du bon Louarn à travers une demi-somnolence béate qui en atténue singulièrement le caractère, leur donne l'apparence d'histoires d'autrefois, arrivées en des âges très lointains.

Il en est un, néanmoins, que je me reprocherais de n'avoir point noté. Un navire venait de faire côte sur la ligne d'écueils qui défend, comme une espèce d'atoll, les abords de ces parages. C'était au cœur de l'hiver, par une nuit tragique, balayée d'un souffle si glacial que l'embrun se cristallisait dans l'air. L'équipage, aux trois quarts mort de froid, sauta dans une chaloupe et fit rames vert l'île où la lumière du phare brûlait comme une lampe de salut. Appuyé à la balustrade extérieure de la lanterne, Hervé Louarn observait tous les mouvements des naufragés. Comme l'embarcation, surchargée, menaçait de couler à pic, ceux-ci commencèrent par jeter à la mer les objets qu'ils avaient pris avec eux, des armes, des instruments, des caisses de biscuits. La chaloupe ne s'allégeait toujours pas. Louarn vit alors cette chose atroce : une demi-douzaine de matelots gisaient, affalés entre les bancs ; c'étaient déjà des corps inertes, mais ce n'étaient pas encore des cadavres ; on les souleva par les aisselles et on les envoya rejoindre par-dessus bord les ustensiles et les vivres.

Or, voici le plus singulier de l'affaire. Un de ces malheureux, avant de quitter le navire en détresse, avait eu la précaution de se munir d'une ceinture de sauvetage. Il surnagea. Et entraîné par le remous dans le sillage de la chaloupe, il se mit à la suivre en dansant, le buste dressé hors de l'eau, la tête un peu inclinée sur l'épaule, les bras flottants.

Quand les hommes remarquèrent ce pantin

sinistre gesticulant derrière eux à la crête des vagues, ils hésitèrent un moment, saisis d'épouvante et peut-être de remords. Puis comme il venait presque à toucher le bordage, ils craignirent qu'il ne tentât de s'y cramponner. C'eût été leur perte à tous. Ils s'efforcèrent, à l'aide d'une gaffe, de le maintenir à distance, dans l'espoir qu'un paquet d'eau plus lourd, en s'abattant sur lui, achèverait de l'engloutir. Mais la mer semblait s'amuser de l'aventure et ne se pressait point de terminer ce jeu macabre. Et le noyé continuait sa gigue, narguant ses compagnons.

Une fureur s'empara de l'équipage en voyant qu'il se rapprochait d'autant plus qu'on s'appliquait davantage à l'écarter. Il fallait en finir avec ce mort récalcitrant. On entreprit de l'assommer à coups d'aviron. Il s'enfonça, disparut, mais pour reparaître plus loin sous un aspect plus hideux, le crâne fracassé, les membres à moitié détachés du corps...

— Il poursuivit la chaloupe, conclut Louarn, jusque dans la petite anse où vous êtes débarqués. Nous recueillîmes ici les hommes : c'étaient des marins étrangers ; toute la nuit ils délirèrent dans leur sommeil. Et, le lendemain, avant de reprendre la mer pour gagner la côte, ils scrutèrent anxieusement du regard tous les abords de l'île. Ce n'est que lorsqu'ils eurent constaté que l'étendue était nette que leur visage se rasséréna. Le matelot à la ceinture de liège avait dû être emporté par le jusant... Me croirez-vous si je vous dis que, le soir d'après, il revint? Il serait probablement revenu bien des fois encore, s'il ne s'était empêtré dans un lit d'algues flottantes. Des pêcheurs, l'ayant rencontré, l'enterrèrent à Rouzic. Ce me fut un vrai soulagement de le savoir au repos pour l'éternité.

II

...Il est près de minuit quand nous descendons du phare. Les meuglements de la tempête ébranlent avec une violence croissante les profondeurs infinies de l'espace. La mer bouillonne. Une vie effrayante anime le chaos. C'est comme un rêve d'*Apocalypse*. De monstrueuses bêtes blanches courent, se cabrent, s'évanouissent dans l'ombre et de nouveau se ruent vers on ne sait quelles besognes d'épouvante. Le sol de l'île résonne et tremble comme heurté à coups de bélier.

Nous nous orientons tant bien que mal dans la direction du fortin ; à notre grande stupéfaction, nous le trouvons éclairé ; un énorme fanal, comme on en voit aux charrettes des rouliers, est fixé à l'un des gonds de la porte, veuve de ses battants. A l'intérieur des casemates, des pas vont et viennent. Nous crions :

— Qui va là?

Un paysan de haute taille émerge des ténèbres. Ses yeux gris sont comme délavés ; sa barbe rousse, givrée de sel et emperlée de gouttes d'eau, ressemble à un bouquet de goémons. Pieds nus et, dans la main, une fourche en forme de trident, il fait penser au vieux Glaucos.

— Ah! fait-il, vous cherchez un abri. Entrez. C'est ici la maison du gouvernement : chacun y est chez soi, et ce n'est pas la place qui manque.

Ce vieillard est le fermier de l'île. Moyennant une redevance des plus modiques, il est, en ce canton perdu de France, seigneur et roi. Quelques arpents de terre cultivable fournissent à sa subsistance et à celle de sa famille. Il arrive, cependant, que les rats mangent la moitié de sa récolte et les lapins l'autre moitié. Heureusement que la mer est là. C'est une bonne pourvoyeuse, et qui produit toujours sans qu'il soit besoin de l'ensemencer jamais. Dans la salle du corps de garde, où il vient de nous introduire, il nous montre un tas d'épaves.

— Ma moisson de ce soir, nous dit-il, avec un accent goguenard, de sa voix enrouée.

Il y a, parmi ces planches, des débris où se lisent encore des lettres, des chiffres, noms et numéros matricules de barques mortes, suprêmes épitaphes des hommes qui les montaient. Et, dans cet ossuaire hanté d'images lugubres, nous avons dormi.

AU PAYS DES « GARS D'ISLANDE »

I

LE PARDON DES ISLANDAIS

Un des premiers dimanches de février se célèbre, à Paimpol, la bénédiction de la flotille d'Islande ou, comme on dit là-bas, le « Pardon des Islandais ».

C'est une imposante cérémonie qui inspire de graves réflexions aux pêcheurs même les plus insouciants et laisse l'âme du simple spectateur toute pénétrée d'une poignante impression de tristesse. La procession s'organise dans l'après-midi, à l'issue des vêpres. Des tribus entières, des clans compacts de marins sont descendus, pour y prendre part, de tous les hameaux environnants perchés sur le dos des promontoires ou abrités dans le creux des anses de Loguivy, de Plouézec, de Plounez, de Perros, de Pors-Even qu'immortalisa Loti. Les hommes en tricot de laine bleue, les femmes en petite coiffe blanche et en châle noir se pressent en une longue houle de têtes et d'épaules qui s'avance par lentes oscillations, au chant des hymnes d'Église, dans un vaste recueillement. On suit une rue étroite, plongeante, que bordent des maisons d'autrefois, aux portes basses et cintrées, bâties par des flibustiers du dernier siècle, dans un temps où l'aventureuse cité bretonne armait pour la « course » en attendant d'armer pour la grande pêche.

Voici les quais, l'ouverture de la rade, la mer d'un bleu dur et froid, d'un bleu d'acier, l'air franchement hostile sous la pâle lumière du soleil d'hiver. Des lambeaux de nuages qui traînent à l'horizon, rasant la ligne des eaux, semblent une apparition des banquises polaires, entrevues comme dans un mirage.

La procession fait halte au pied d'un oratoire improvisé qui dresse vers le ciel ses grêles clochetons de bois peint. La statue de Notre-Dame-de-Bonne-Nouvelle, patronne des Islandais, se tient debout sur l'autel, la face tournée vers le large. Une voile tendue forme dais au-dessus de sa tête; de chaque côté pendent des filets, en une draperie ténue et flottante; le socle est enguirlandé d'engins de pêche; l'autel lui-même est décoré d'un chapelet d'ancres, et des rames disposées en faisceaux font l'effet de gigantesques candélabres. Du haut des gradins de ce reposoir, le clergé entonne le cantique traditionnel dont l'assistance reprend chaque strophe, en chœur, dans une formidable poussée de voix rauques.

Un prêtre cependant, — quelquefois l'évêque diocésain en personne, — se dirige, suivi d'un seul acolyte, vers le bassin où les goélettes sont rangées *à quai*, véritable fourré de cordages et de mâts, le beaupré de l'une s'enchevêtrant aux basses vergues de l'autre. Toutes ont mine pimpante et portent beau, lustrées, cirées comme pour une parade. Le prêtre s'arrête un instant devant chacune, l'asperge d'une goutte d'eau bénite et passe. Vingt, trente, cinquante fois il accomplit le même rite : vingt, trente, cinquante fois un pavillon différent monte et s'abaisse en manière de salut. Dans l'espace d'une demi-heure, tous les bateaux de la flottille sont dûment munis du viatique ; et déjà, sans doute, s'éveille dans leur membrure le frisson avant-coureur des grands départs. L'officiant, de retour au reposoir, adresse aux pêcheurs une exhortation suprême, puis le cortège regagne l'église en chantant l'*Ave Maris Stella*...

Et maintenant, comme dit l'autre, les chants ont cessé. La solennité est close. Rien de plus simple, de plus rapide, et aussi de plus émouvant. On ne s'attarde point aux longues et banales manifestations dans ces fêtes de la mer sur qui plane, quoi qu'on fasse pour n'y point penser, l'ombre mystérieuse du destin.

Quelque temps encore, les marins vaguent par la ville, promenant de rue en rue, avec des stations çà et là dans les boutiques ou les cabarets, leurs torses superbes, leurs yeux glauques et leurs nobles barbes frisées. Puis, comme le crépuscule s'assombrit, leurs femmes les emmènent.

Ils se dispersent au hasard des petits chemins, à travers le pays morne planté d'innombrables calvaires. Il leur reste quatre ou cinq nuits à dormir en terre ferme, sous les toits de chaume ou d'ardoise moussue, dans les vieux logis de la lande qui ont vu tant de drames passifs et silencieux de l'absence, de la misère, de la mort. Le départ est fixé à la fin de la semaine. Dans huit jours, ils auront pris la mer.

— Plaise à Notre-Dame-de-Bonne-Nouvelle,

murmurent-ils d'un air détaché, le sourire aux lèvres, avec leur beau fatalisme tranquille, plaise à Notre-Dame-de-Bonne-Nouvelle que la mer ne nous prenne pas à son tour!

La chose arrive. Elle n'arrive, hélas! que trop souvent. Qui ne connaît, par les descriptions des romanciers et des touristes, l'humble porche de la chapelle de Perros-Hamon, tout tapissé de tablettes funéraires à la mémoire des « perdus à Islande »? J'ai sous les yeux, tandis que j'écris ces lignes, une liste encore plus tristement éloquente, en son laconisme administratif, la liste des navires sombrés corps et biens dans les parages des lieux de pêche, aux cours de ces derniers vingt ans. Que d'existences sacrifiées! Que de maisonnées d'enfants jetées à toutes les aventures de la faim! Les bonnes campagnes, — et la plus récente est de ce nombre, — sont celles où l'on n'a qu'une trentaine de trépas individuels à déplorer, où tous les équipages rentrent plus ou moins décimés, où la charité publique n'a guère à se répartir que sur quelque deux cents orphelins. Elle fait ce qu'elle peut, cette charité publique, à Paimpol et dans les environs; mais ce qu'elle peut est mince. Les médiocres ressources dont elle dispose sont loin d'être en rapport avec les infortunes qui demandent à être soulagées, je ne dis pas dans les années de grands sinistres, mais même dans les années bénignes où la mer semble faire relâche et se contente de proies isolées au lieu d'engloutissements collectifs...

Vers 1878, un notable progrès s'est accompli : une caisse de secours a été créée, dont les armateurs ont fourni les premiers fonds, et qu'ils continuent d'alimenter au *prorata*, je pense, de leurs bénéfices. Après avoir végété péniblement jusqu'en 1890, époque où le commissaire de l'inscription maritime, représentant tout désigné des pêcheurs, a été appelé à en présider les opérations et à en exercer le contrôle, elle s'est développée depuis lors au point de se transformer peu à peu en une institution de prévoyance à laquelle on est parvenu, me dit-on, à intéresser les marins eux-mêmes, non sans avoir eu à vaincre de longs entêtements, car le matelot breton, tout imbu de l'individualisme forcené de sa race, est l'être le plus réfractaire qui soit aux idées d'association, d'épargne en commun, de mutualité.

Ainsi l' « Islandais » contribue désormais pour sa part à ménager aux veuves un court répit pour pleurer leurs morts, à sauvegarder de la misère immédiate les aïeules et les enfants. Cet apport, si minime soit-il, augmente d'autant le budget des « disparus ». Mais il est encore bien léger, ce pauvre budget, et bien lourdes sont les charges qui le grèvent. Dans son compte rendu pour la campagne de 1894, le trésorier établit un rapprochement significatif entre la prospérité de la caisse de Dunkerque et la situation précaire de celle de Paimpol. C'est que Dunkerque est une ville populeuse, tandis que Paimpol n'a que deux mille habitants. Ce qui nous manque, conclut-il, ce sont « des donateurs capables de nous aider à élargir le cercle de nos secours et à soulager plus efficacement les infortunes pressantes, les besoins urgents, conséquences inéluctables de la rude profession qu'exercent nos pêcheurs sous le rigoureux climat des mers du Nord ».

Avis à ceux qui, par les nuits de tempête, se sentent venir au cœur quelque pensée de compassion pour la petite France flottante des fiords arctiques.

II

LETTRE D'ISLANDE

Juillet 1894.

Depuis près d'un mois que l'événement s'est passé, tout a été dit sur la tragique impression produite dans l'univers civilisé par l'assassinat du Président Carnot. Si je me permets d'y revenir à si long intervalle, c'est avec la pensée qu'on ne laisserait pas de trouver quelque intérêt aux « notations » qui vont suivre. Cet intérêt, elles l'empruntent moins au sentiment qui les a dictées, — le cri partout a été le même, — qu'au milieu très spécial et, à vrai dire, unique où elles ont été consignées par écrit. Je les extrais d'une lettre dont on vient de me donner communication et qui arrive, sinon du pôle, du moins de ses alentours immédiats.

Ils sont là-bas, « à Islande », comme parlent les Paimpolais, ils sont de cent cinquante à deux cents navires qui forment dans les eaux de la mer hyperborée une sorte d'archipel flottant, sans autres attaches avec la mère patrie que les rares visites des croiseurs de l'État chargés de la police des lieux de pêche. Une population de trois mille marins environ les monte, Bretons, Picards, Flamands, la fine fleur de nos matelots de la Manche. Les Bretons dominent, et particulièrement les hommes de l'Armor trégorrois, de Perros-Guirec à Paimpol. Ce sont, pour la plupart, des Celtes à la manière antique, avec de grands corps souples et musclés, avec des âmes primitives et incomplètes, à la fois rudes et tendres, capables d'audace et de puérilité, des âmes d'enfants et de héros.

Vers la mi-février, vêtus du gilet de laine bleue que leurs femmes ont passé l'hiver à tricoter, le ciré jeté en travers sur l'épaule, ils descendent aux ports d'embarquement. Les goélettes aux gréements compliqués sont rangées en file, toutes voiles tendues, le long des quais. Le clergé local — je l'ai dit tantôt — s'avance en grande pompe et les bénit ; une par une, elles cinglent vers la haute mer : telle une théorie de nefs sacrées. On les suit longtemps des yeux. Sur le rebord des falaises, sur la pointe des caps aigus qui fendent les flots du large de leurs proues immobiles, des mouchoirs s'agitent, saluant jusque par delà les limites extrêmes de l'horizon le départ, quelquefois éternel, des « Islandais ».

La lettre que j'ai là sur ma table, c'est un de ces Islandais qui l'a écrite, — un homme de quelque culture néanmoins, un « capitaine », proche parent, d'ailleurs, de ce Guillaume Floury qui, s'il faut en croire les racontars littéraires, a servi de prototype au Yann Gaos de Loti. Représentez-vous un bon géant des légendes, une figure mâle, adoucie d'un je ne sais quoi de féminin qui se remarque souvent, en ce pays, même dans les traits les plus virils, une belle barbe noble et frisée de dieu assyrien, et des yeux clairs, d'un bleu déteint, aux prunelles dilatées et comme infinisées par le spectacle des vastes houles mornes et brumeuses où, chaque année, six mois durant, il est accoutumé de vivre.

Sa lettre est datée du Faxa-Fiord, à cinq milles au large de Reikjavik, dans les parages occidentaux de l'île.

« Mauvais temps et mauvaises nouvelles », écrit-il; « depuis tantôt dix ans que je fais la campagne, je n'ai pas encore vu saison pareille. Nous avons très froid. Les hommes ont les mains coupées par les lignes et grelottent tout le jour, comme s'ils avaient la fièvre, à cause des grands paquets d'eau glacée que le ciel leur vide dessus, presque sans discontinuer. Ajoutez que le poisson mord peu. Quoique sur un fond excellent, nous n'en sommes, à mon bord, qu'à nos dix-huit mille morues, juste la moitié moins que l'an passé. Tout ça n'est pas gai ; et pas n'est besoin de vous dire que nous n'avons guère de cœur à chanter, malgré que d'habitude nous ne soyons points des pleurards... Voici, outre cela, que nous apprenons la triste mort de M. Carnot. Les *chasseurs* [1], qui viennent d'arriver, nous ont apporté les journaux qui en parlent. Ça nous a donné comme une sueur. On nous eût avertis que nous coulions, que nous n'aurions pas eu les sangs plus remués. J'ai dit aux babordais, qui étaient de pêche :

» — Amenez vos lignes. Nous allons lire cela dans l'entrepont.

» Les tribordais, réveillés en sursaut, se sont levés de leurs couchettes et j'ai fait la lecture devant tout l'équipage accroupi en cercle autour de moi. Quand j'ai eu fini, nous sommes

[1]. On appelle ainsi les navires chargés du ravitaillement des goélettes de pêche. Ils quittent les ports bretons dans le courant de juin, emportant de nouvelles provisions de sel, et rentrent avec la morue déjà pêchée durant les premiers mois.

restés là à rêver tristement, sans courage. Personne ne trouvait rien à dire, mais plus d'un avait des larmes aux yeux, et il y en avait d'autres qui juraient en dedans. Jamais je n'aurais pensé que d'apprendre la mort du Président de la République nous eût fait une peine si profonde. Mes hommes ne le connaissaient guère que par les portraits qu'ils avaient vus de lui, dans les auberges du pays, et même quelques-uns se rappellent si peu son image, qu'ils la confondent avec celle de Mac-Mahon. Ils n'ont pas été pour cela moins navrés. Peut-être même qu'en France vous n'avez pas été aussi secoués que nous par cette nouvelle. Quand on est, comme nous, loin de la patrie, isolés et quasi perdus en des parages où il ne fait, comme au purgatoire, ni jour ni nuit, ballottés sur une mer sinistre qu'on a dénommée à juste titre « le cimetière des navires », on est porté à s'exagérer les choses et, si elles sont pénibles, à en souffrir plus vivement... »

Je saute une page de détails intimes et personnels.

Qui n'a présente à la mémoire la description, d'une poésie si intense et d'un réalisme si précis, qui ouvre *Pêcheur d'Islande ?* On se rappelle, dans ce logis sombre sentant la saumure et la mer, dans ce gîte trop bas s'effilant par un bout « comme l'intérieur d'une grande mouette vidée », on se rappelle la petite Vierge en faïence, fixée sur une planchette contre le panneau du fond, avec la note fraîche de sa robe rouge et bleue « au milieu de tous les gris sombres de cette pauvre maison de bois ». Comme la plupart de ceux qui vivent dans le péril incessant des eaux, les « Islandais » sont gens pieux, d'une piété intermittente peut-être, mais qui est chez eux chose de tempérament et, aux heures de crises, remonte tout de suite à fleur d'âme. Il en est même qui ne se mettent en pêche qu'après avoir prié. Je me souviens d'avoir entendu dire à l'un d'eux : « J'ai pris plus d'une morue avec un signe de croix. » En règle générale, ils observent le dimanche, et ils célèbrent messe et vêpres à leur façon, en chantant des cantiques. Un des leurs, celui qui a la plus belle voix, remplit, dans la mesure du possible, les fonctions d'officiant. On lui décerne le titre de « sacristain du bord ».

« Quand le soleil a été bas sur l'horizon », reprend plus loin l'auteur de la lettre, « le sacristain du bord, s'avançant vers moi, m'a dit :

» — Capitaine, c'est le moment du soir en

notre pays. Si vous voulez, nous allons faire comme chez nous, pour une fois, et réciter les *grâces* en commun.

» Il s'était déjà concerté avec les autres... Nous avons tous écouté la prière, qui assis sur le plat-bord et appuyé au bastingage, qui debout sur le pont, parmi les morues saignantes, empilées en tas. Pour commencer, nous n'avions pas ôté nos *suroits*, par crainte de nous geler le crâne au vent de neige qui soufflait devers les montagnes de l'île, mais, lorsque le sacristain, élevant la voix, a prononcé en breton : « — Et maintenant disons un *De profundis* pour le repos de l'âme de M. Carnot », nous n'avons plus songé à rien d'autre, et nous nous sommes tous découverts d'un seul geste. Je ne crois pas que nous ayons jamais été aussi émus, même quand nous avons eu à étendre sur la planche le cadavre de l'un d'entre nous pour le faire glisser à la mer... »

J'arrête là ces extraits. Peut-être trouvera-t-on, comme moi, que les scènes qu'ils retracent ne manquent pas d'une certaine grandeur. Puisse cet hommage lointain des exilés d'Islande être doux aux mânes du Président Carnot!

III

UN CAPITAINE ISLANDAIS

C'est à Paimpol, un soir de septembre. Tous les « Islandais » sont rentrés. Je demande des nouvelles de la pêche. Un grand deuil : la mort du capitaine Hamon. Et, dans la paix du crépuscule, où bruit seul le clapotis de la mer montante, entre les vannes du bassin à flot, on me raconte l'histoire que voici. Elle vaut, je crois, d'être fixée.

Parmi les goélettes paimpolaises qui, au mois de février dernier, faisaient voile vers l'Islande, figurait la *Marie-Léopoldine*, commandée par le maître au cabotage Hamon, du village de Kérity. J'ai connu l'homme. Je le vois encore, avec sa belle stature, son fier profil, ses manières graves. C'était, comme on dit là-bas, un franc capitaine. Nature douce, d'ailleurs, restée fine malgré les rudes exigences du métier, volontiers sentimentale, énergique néanmoins et (les circonstances l'ont assez prouvé) capable de s'exalter jusqu'à l'héroïsme. Familier, dès l'adolescence, avec la pêche au large des eaux polaires, il aimait tout de sa profession, l'aventure, le mystère, le long exil, le mortel danger. Nul ne donnait plus gaiement le signal du départ, nul ne lançait d'une voix plus insouciante le grand « larguez tout ».

Et pourtant, cet hiver, lorsque vint pour lui l'heure de quitter sa maisonnette de Kérity, aux grillages enguirlandés de vigne vierge, pour veiller aux derniers aménagements du bord, il fut saisi, paraît-il, d'une inquiétude vague, d'un sinistre pressentiment. Depuis la précédente campagne, lui si robuste, il s'était médiocrement porté. Un germe mauvais couvait en lui. Il s'en rendait compte et s'en ouvrit même à quelques intimes qui le conjurèrent de résigner son commandement entre les mains d'un autre et d'attendre qu'il fût en meilleur état, avant de reprendre la mer. Leurs objurgations furent vaines. Il s'était lié envers l'armateur, il avrit recruté son équipage, il se considérait comme moralement tenu de partir : il partit.

La traversée fut pénible. Vents contraires, mer houleuse. Le mal du capitaine Hamon s'aggrava. Résolu de n'en rien laisser voir à ses hommes, au lieu de s'enfermer dans sa cabine, il persista à demeurer assis à son banc de quart, plaisantant, riant, chantant même, comme à son ordinaire, tout à tous avec cette aménité joviale qui lui était habituelle. Et néanmoins, quoi qu'il fît pour se raidir à son poste, ses forces à la fin le trahirent. A mesure que l'on pénétrait plus avant dans les régions froides, cet homme, qui avait défié pendant près de vingt ans les températures les plus rigoureuses, fut pris de tremblements, de ce frisson spécial que connaissent bien les marins d'Islande et qu'ils appellent la « fièvre glacée ». Malgré son indomptable énergie, à peine arrivé sur les lieux de pêche, il dut s'aliter. Ses matelots lui proposèrent de le débarquer à Reikjavik où il eût, du moins, trouvé les soins et les secours les plus indispensables. Il refusa, non sans hauteur.

— La place d'un capitaine, dit-il, est à bord de son navire... Et d'ailleurs, vous autres, vous n'avez pas à savoir si je suis malade ou bien portant.

Il fit, en effet, comme s'il eût été le mieux portant des capitaines. Il continua de diriger, de surveiller toutes les opérations de la pêche. Il avait, de sa responsabilité, un sentiment très vif et, pour rien au monde, tant qu'il lui resterait un souffle, il n'eût voulu manquer à ses engagements. Tous les jours, ponctuellement, quelle que fût l'intempérie, il monta sur le pont, y séjournant parfois de longues heures pour stimuler le zèle de l'équipage; et, quand il ne fut plus à même de gravir seul les marches de la cabine, il se fit hisser dehors par deux de ses hommes, l'un le soulevant par les aisselles, l'autre par les jambes. Durant une couple de mois, on vit, à bord de la *Marie-Léopoldine*, ce spectacle inoubliable : le capitaine, étendu quasi mourant sur un matelas, au pied du grand mât, la tête appuyée à un rouleau de cordages, et donnant de là ses ordres, d'une voix assourdie, mais avec un visage imperturbable de calme et de sérénité. Rongé par une tuberculose dont le climat excessif activait, pour ainsi dire de minute en minute, les progrès, il ne se départit pas un instant de cette attitude vraiment héroïque. Empressons-nous d'ajouter, à l'honneur de l'équipage, que, frappé de tant de vaillance, chacun se piqua d'ardeur à la tâche commune. Tous furent parfaits de tenue, d'obéissance, de régularité.

— Nous pêchions avec rage, m'a dit l'un deux; nous nous doutions que le capitaine Hamon ne commanderait plus, hélas! d'autre pêche, et, puisque ce devait être pour lui la dernière, nous voulions aussi qu'elle fût la plus belle.

Les débuts de la campagne furent peu fructueux ; mais lorsque, vers le 10 septembre, la *Marie-Léopoldine* réapparut à l'horizon de Paimpol, elle avait dans le ventre, selon l'énergique expression du loup de mer, une portée de soixante-douze mille morues.

Le capitaine Hamon était à bout de vie. Il prit congé, avec une simplicité toute spartiate, de son navire et de ses hommes.

— Un autre que moi, prononça-t-il en guise d'adieu, conduira le chargement à Bordeaux [1].

Les matelots pleuraient. On le transborda du navire dans le canot, et du canot dans un char à bancs du pays qui l'attendait sur le quai. Il rendit à l'armateur ses comptes, reçut ses félicitations et ses remerciements, puis s'achemina vers Kérity. Il n'était plus qu'un cadavre où l'âme vacillait faiblement, au fond des yeux creusés, comme une lumière qui va

[1]. C'est à Bordeaux que les navires morutiers, après avoir touché Paimpol, vont débarquer leur pêche et, par la même occasion, charger la provision de sel pour la campagne suivante.

s'éteindre. Huit jours après, il expirait, avec une belle tranquillité stoïque, louant la destinée d'avoir permis qu'il revît une fois encore la terre natale, et s'estimant assez heureux, puisqu'il avait pu accomplir jusqu'au bout son devoir. Il avait trente-six ans.

Ses obsèques furent célébrées au milieu d'un grand concours de peuple. Tous les « Islandais » d'alentour étaient là, rangés en longues files émues derrière le cercueil, et les armateurs, et la population bourgeoise de Paimpol. Nulle oraison funèbre ne fut prononcée devant la tombe : on descendit ce héros dans la fosse en silence; mais un recueillement solennel planait sur la foule, et c'était le plus éloquent des hommages. Maintenant le capitaine Hamon dort pour jamais dans l'humble petit cimetière du Goélo. L'inscription funéraire qu'un tailleur de pierres du lieu gravera sur son monument ne fera même pas mention des circonstances qui ont déterminé sa mort. Seuls, là-bas, « à Islande », durant les longues heures sinistres des quarts polaires, les pêcheurs qui furent les compagnons de sa dernière traversée en évoqueront peut-être de temps à autre, le fier et touchant souvenir. L'histoire, pourtant, mériterait d'être consignée au livre des beaux trépas, ne fût-ce — si j'en crois l'opinion commune — que pour servir d'un salutaire exemple à plus d'un capitaine islandais.

II
EN LÉON

LE LÉON NOIR

I

Que l'on vienne du Trégor ou de la Cornouailles, une impression singulière de grandeur et de tristesse saisit l'âme dès que l'on pénètre en Léon. On a tout de suite le sentiment d'une terre à part, d'aspect étrangement austère, aux horizons plus larges, mais plus dénudés. Loti, qui la parcourut naguère en compagnie de son *frère Yves*, a tracé d'elle ce croquis : « ... Un grand pays plat, une lande aride, nue comme un désert ». C'est vraiment une contrée sans grâce et sans charme. Les rivages même, bordés de dunes ou prolongés en de vastes étendues sablonneuses, sont monotones, ennuyeux et laids. Aussi les baigneurs s'en écartent-ils ; la mer n'y sourit en aucune saison. Rares et peu profondes sont les vallées, sombres et silencieuses les fontaines, où jamais les yeux divins de la Viviane celtique ne se sont mirés. Les bois manquent: à peine quelques bouquets d'arbres, rebroussés par les vents de l'Ouest. Des cultures maraîchères, en revanche, et des prairies artificielles, à perte de vue. Rien ne rompt l'uniformité de ce plateau immense, si ce n'est des silhouettes de clochers pointant vers le ciel de toutes parts. Ces fines aiguilles de pierre merveilleusement ajourées par des artisans primitifs, la terre léonnaise en est hérissée d'un bout à l'autre. Elle est proprement le pays des églises. Elle s'en enorgueillit, non sans quelque raison, d'abord, parce qu'elle n'a pas d'autre parure, et puis, parce qu'il en est, parmi ces églises, qui sont de purs poèmes, des miracles de hardiesse, et d'élégance, et de beauté. On connaît le Kreizker. Une chanson de conscrit finistérien, devenue comme l'air national des Bas-Bretons, en a célébré la sveltesse et la hauteur, jusqu'aux plus extrêmes confins du monde. Il étonne si fort les Léonards eux-mêmes, qu'à les entendre il n'a pu être construit que par le diable, le plus pervers, mais aussi le plus ingénieux des anges, comme on sait.

Le Kreizker n'est point une exception. Allez à Berven, à Lambader, à Guimiliau, à Saint-Thégonnec, au Folgoät, et j'en passe, vous y verrez s'épanouir d'exquises floraisons architecturales. Quant aux sanctuaires locaux, ils sont innombrables. Pas de hameau qui n'ait le sien, et ce ne sont pas les moins ornés. Les landes, les grèves même en sont peuplées, et l'on en rencontre qu'il faut déblayer chaque printemps, à demi enfouis qu'ils sont, aux marées d'équinoxe, dans les sables.

Pour qui voyage en ce pays, c'est là le premier trait qui frappe : les lieux de prière multipliés presque à l'infini. Le second, c'est la fréquence des châteaux. D'aucuns, comme celui de Kérouzéré, écrasent les labours avoisinants de leur masse féodale, restée intacte. D'autres, — Kerjean, par exemple, — évoquent tous les enchantements de la Renaissance. La plupart cependant sont modernes; mais il n'est pas jusqu'aux plus récentes de ces maisons seigneuriales qui ne demeurent tout imprégnées de l'atmosphère d'une autre époque et comme confites en des dévotions surannées. Les parcs qui les entourent forment les seules oasis de cette région sans arbres. Tristes oasis. Leurs verdures vénérables assombrissent l'horizon plus encore qu'elles ne l'égayent, et font planer sur toute la contrée je ne sais quelle ombre léthargique. « Pays d'églises et de châteaux, pays de nobles et de prêtres », dit, à propos du Léon, un vieil adage. Le mot n'a pas cessé d'être juste. Tel est bien le double caractère de cette terre, ce qui lui imprime sa marque propre, sa dure et froide originalité.

II

La race y est belle et grande, avec quelque chose de majestueux. La figure des femmes, sous la coiffe étroite aux rubans relevés en forme d'anses, fait penser au type sévère des matrones romaines. Les hommes, tout de noir vêtus, portent le feutre large à boucle d'argent, le gilet taillé en justaucorps, la veste à basques, de coupe ancienne. et qui rappelle l'habit de cour. Un ample turban de laine grise fait deux et trois fois le tour de leurs reins. Vus dans l'attitude qui leur est familière, le torse cambré, les mains passées dans la ceinture, les Léonards ont grand air; il semble que l'on retrouve en eux un peu de la dignité grave de leurs homonymes d'Espagne, je ne sais quelle solennité d'hidalgos. Ces paysans ont conservé des dehors et des manières de gentilshommes. Que si vous visitez leurs fermes, vous croirez entrer dans des manoirs. Bâties, la plupart, sur un modèle unique, elles sont toutes flanquées d'un *appotis-taôl*, sorte de donjon carré où l'on a coutume de dresser la table de famille. Et il n'est pas jusqu'à la langue dans laquelle on vous souhaite la bienvenue qui n'ait sa noblesse. De tous les dialectes armoricains, c'est le dialecte léonnais qui a le moins évolué. Presque pas de contractions. Les formes verbales ont gardé toute leur ampleur primitive et se déroulent avec une harmonieuse lenteur, en périodes sonores et grandiloquentes. Les Léonards ont conscience de ce que leur idiome a de particulier : ils le définissent eux-mêmes un « breton large », *brezonnec lédan*.

— Ailleurs, on *parle*, me disait l'un deux. Nous autres, nous *prêchons*.

Il ne faudrait, du reste, pas juger de cette race d'après son extérieur un peu compassé. L'esprit, chez elle, est alerte, insinuant, souple, d'aucuns vont jusqu'à dire cauteleux. « Ce sont les Normands de la Bretagne », affirme-t-on couramment. De fait, ils sont entendus aux affaires, très différents en cela de la grande majorité des Celtes dont on connaît l'incurie native, l'inaptitude aux besognes d'argent. Eux, ils ont souci de « gagner », d'amasser, de faire fortune. « Tout Léonard, si l'on en croit le proverbe, porte en lui une âme de marchand ». Fermiers, ils se livrent à l'élevage ; maquignons, ils promènent de foire en foire leur figure glabre, leurs épaules athlétiques et leur parole dorée. On sait combien le Breton répugne à la transplantation ; les racines adventives lui font défaut ; il ne se résigne à l'exil que contraint par les pires nécessités ; parfois, il en meurt. Le Léonard s'expatrie volontiers, s'il y trouve profit et, loin de dépérir, il prospère. Qu'on lise l'étude si documentée que M. Lemoine a consacrée dans la *Science sociale* à l'émigration bretonne. Le Roscovite y est en belle place, et le Roscovite est assurément l'incarnation la plus complète, la plus vivante, du mercantilisme léonnais. Il pullule à Paris, alentour des Halles. Mais on le rencontre aussi bien au Havre, à Nantes, à Angers. Pour vendre à bon prix ses oignons, ses artichauts, ses choux-fleurs, ses primeurs de toute espèce, où n'irait-il pas ? Londres, Cardiff, Southampton le voient débarquer à époques fixes. Au Pays de Galles, on est tellement accoutumé à lui que, « pour beaucoup d'habitants, Breton et Roscovite, c'est tout un ». Et cette identification n'est pas toujours, paraît-il, pour rendre sympathiques aux Celtes d'outre-Manche leurs congénères de ce côté du détroit.

III

Le Léonard est passé maître dans l'art éminemment commercial de mystifier l'acheteur. Il y apporte sa gravité de pince-sans-rire et les ressources de l'esprit le plus inventif. Cette forme d'imagination est, d'ailleurs, la seule dont il fasse cas. Les spéculations désintéressées le laissent indifférent. La vie contemplative, si développée chez ses compatriotes du Trégor, est, chez lui, à peu près nulle. Rêver lui semble une occupation de paresseux. Il n'a de goût que pour l'action, pour l'action positive et d'un résultat prochain. Le monde de la fiction et des songes, où se réfugie et se complaît peut-être trop volontiers l'âme bretonne, lui est un domaine fermé, une sorte de jardin défendu vers lequel aucune curiosité ne l'attire. Alors que, partout ailleurs, en Armorique, le mythe est sans cesse en travail et se perpétue à l'état de création vivante, c'est à peine si, dans la mémoire des gens du Léon, surnagent quelques débris informes des anciens récits. Le témoignage de M. Luzel est décisif à cet égard. « Vainement, dit-il en substance, vainement j'ai battu les campagnes léonnaises, depuis l'embouchure de la rivière de Morlaix jusqu'à la pointe de Saint-Mathieu. Malgré de longues et patientes recherches, je n'ai pu découvrir que des fragments de contes : encore sont-ils en nombre fort restreint ». Et il ajoute : « Les poésies, *gwerzes* ou *sones*, n'y sont pas moins rares. *Le Léonard ne chante pas* ».

Que de fois ne l'ai-je point éprouvé par moi-même !... Un jour, cependant, passant sur la route de Cléder à Plouescat, j'entendis derrière un talus une petite gardeuse de vaches qui chantait. L'air était celui d'une ballade en renom, tout ensemble véhément et triste. Je m'approchai de la fillette. Elle me tendit un recueil de cantiques pieux, ses « Heures », comme elle disait... De façon générale, le Léonard ne connaît d'autre littérature que celle du livre de messe. D'aucuns peut-être l'en féliciteront. Les bardes nomades eux-mêmes hésitent à s'aventurer en ce pays, qui les dédaigne ou qui les raille. Ils y sont traités de fainéants, quand on ne les fuit pas comme des « excommuniés ».

Toutes les autres régions de la péninsule peuvent exciper de quelque nom ayant plus ou moins marqué dans l'histoire des lettres. Le Léon n'en compte pas un. Le seul homme qui fasse grande figure dans ses annales est Michel Le Nobletz, un apôtre. Il vécut au xviie siècle et fut une espèce de Jansénius breton. Il s'attacha surtout à la réformation des mœurs. Il parcourut les fermes, les villages, les îles, déracinant les restes des antiques superstitions, prêchant le retour à la pure doctrine, rappelant le clergé lui-même à l'austère tradition du catholicisme primitif. Suspect aux évêques, contrecarré dans toutes ses démarches, il n'en continua pas moins d'évangéliser. On parle aujourd'hui de sa canonisation. Son action sur le peuple fut profonde et suscita un puissant réveil de l'idée religieuse dont les effets durent encore. Nul n'a plus contribué à faire du Léon ce qu'il est : une sorte de fief d'Église, une citadelle inexpugnable de la foi. Car c'est ainsi. Cette race léonarde, si entreprenante, d'intelligence si déliée, affranchie de tant de préjugés en toute autre matière, se montre, dans l'ordre spéculatif, d'une docilité presque absolue. Uniquement vouée aux affaires, il semble qu'elle ait chargé ses prêtres, en tout le reste, de penser pour elle. C'est le principe de la division du travail appliqué de façon peu commune. Un brave homme de là-bas m'exposait ainsi sa conception :

— J'élève mes bêtes et je les vends au meilleur prix que je peux. Ce n'est pas toujours chose aisée. Pourquoi irais-je m'embarrasser d'autres soins? En dehors de mon métier, le *recteur* est là pour me dire ce qui est bien, ce qu'il faut faire. J'écoute, j'obéis et je suis tranquille : *je suis dans l'ordre.*

Les jours d'élections sénatoriales, dans le Finistère, la délégation du Léon présente un singulier spectacle : beaucoup de ces délégués sont des ecclésiastiques, et l'on dirait un clan de paysans conduit en pèlerinage par ses prêtres.

IV

Longtemps, les « nobles » ont exercé sur ces campagnes une influence presque égale à celle du clergé. Mais elle est aujourd'hui fort en baisse. Avec le spectre de plus en plus effacé du roi, s'est évanoui le prestige du gentilhomme. L'*aôtrou*, « le seigneur » ne pèse plus guère que ce que pèse sa fortune. Son crédit ne dépasse pas l'étendue de ses terres. Seule, sa clientèle de fermiers ou de manœuvres se sent tenue d'accepter de lui le mot d'ordre. On le salue encore très bas, mais on ne le considère plus comme un être exceptionnel. Le « château » a fini d'en imposer, surtout depuis que le clergé, sur les indications de Rome, a séparé sa cause de celle des partis vaincus. Le presbytère, en revanche, — je dis le presbytère, et non l'église, — demeure, dans chaque paroisse une sorte de centre moral, d'où toute lumière émane, et qui, par d'invisibles courants, agit sur toutes les consciences. Il est difficile pour quelqu'un qui n'a pas étudié de près ce peuple de se représenter son état d'esprit et l'idée, aussi peu moderne que possible, qu'il se fait du prêtre, de sa mission évangélique, de son rôle social. Cela ne ressemble à rien de ce temps, et vous reporte à plusieurs siècles en arrière, en plein moyen âge. Le prêtre, aux yeux du Léonard, n'est pas seulement un personnage revêtu d'un caractère sacré ; des facultés mystérieuses lui sont dévolues : c'est une espèce de thaumaturge et presque de sorcier. La vénération que l'on professe pour lui ne va pas sans quelque terreur. Le rêve de toute famille léonarde est d'en compter au moins un parmi ses membres. On couve dès le berceau cet enfant prédestiné ; on ne recule devant aucun sacrifice pour lui faire suivre les cours aux collèges de Saint-Pol et de Lesneven, les deux villes saintes de la contrée ; et, lorsqu'il reparaît, frais émoulu du séminaire, tout flambant neuf dans sa soutane, on n'ose plus le désigner par son nom ; sa mère ou ses sœurs le servent humblement dans une pièce à part, et le père, pour s'asseoir à sa table, attend qu'il veuille bien l'en prier.

Il serait puéril de s'étonner, après cela, de l'extraordinaire empire que possède le clergé sur les âmes, dans cette petite théocratie bretonne qui s'appelle le Léon. Le prêtre est ici le fils élu de la race : il en est la conscience pensante et, si l'on peut dire, le cerveau. Joignez qu'il a derrière lui, autour de lui, sa nombreuse parenté, et l'on sait quelle est, en Bretagne, la persistance indomptable du lien familial. Il ne dépend que de lui d'user de son autorité et d'en mésuser, s'il lui plaît. Il ne s'en fait pas toujours faute. Le sentiment de sa force lui inspire un certain orgueil de caste. On l'a vu, dans plus d'une circonstance, braver l'évêque, braver même le Pape. Au début du siècle, il refusa longtemps de se plier aux lois concordataires et de reconnaître la suprématie de ses nouveaux chefs. Un *recteur*, du nom d'Héliès, alla jusqu'à prêcher le schisme. Une Église léonarde menaçait de se constituer. Déjà, des offices clandestins se célébraient à huis clos et, pour préserver les morts de toute souillure, on les enterrait nuitamment, hors des bourgs, dans quelque cimetière désaffecté. Les petites chapelles tréviales, les humbles sanctuaires à demi ruinés, dérobés dans les replis des dunes ou perdus dans l'immensité des landes, servirent de lieux de prière et de conciliabule aux fidèles de la nouvelle secte. Des émissaires allaient, de ferme en ferme, convier les gens au rendez-vous et leur communiquer le mot de passe.

J'ai même ouï dire à une Léonarde quasi centenaire qu'elle avait vu tenir des réunions de ce genre dans la cour du manoir paternel. On dressait la nappe de l'autel sur un énorme bahut à blé. L'heure du prône venue, le prêtre montait dans un tombereau et, de cette chaire improvisée, exhortait l'auditoire à souffrir toutes les persécutions plutôt que de pactiser avec l' « hérésie ». La résistance occulte commençait à tourner à la révolte ouverte. Les femmes surtout se montraient exaltées. On craignit des désordres. Les pouvoirs publics durent intervenir. Le mouvement avorta.

Et, sans doute, les temps ont changé depuis lors, mais il semble bien que, dans ce sombre pays de Léon, quelque chose vit encore de l'âme farouche du vieil Héliès.

MOISSON MARINE

I

Une ordonnance de 1681 s'exprime comme il suit :

« Tous les ans, le premier dimanche de janvier, les habitants des paroisses du littoral doivent se réunir pour fixer l'époque et la durée de la coupe des varechs croissant à l'endroit de leurs territoires. Les syndics, marguilliers ou trésoriers sont chargés de faire les convocations, d'afficher et de publier les décisions, à peine d'amende. Sous peine d'amende aussi, il est défendu de couper et d'enlever le goémon, la nuit. Nul ne peut en cueillir que sur les côtes de sa paroisse, ni le vendre aux forains, ni le transporter sur d'autres territoires, à peine de ladite amende et de la confiscation des chevaux et des harnais. Les seigneurs de fiefs voisins de la mer ne peuvent profiter du goémon que dans les limites assignées aux autres habitants, ni percevoir aucun droit ce touchant, à peine de concussion ».

La législation, en cette matière, n'a guère changé depuis le xvii͏ᵉ siècle. C'est encore la commune qui, de nos jours, est appelée à fixer elle-même, dès le début de l'année, l'époque de ce que les Bretons nomment, d'un terme si expressif, l' « août marin », la moisson de la mer.

Donc, un des premiers dimanches de janvier, le plus souvent le dimanche de l'Épiphanie, le héraut municipal, secrétaire de mairie ou garde champêtre, gravit, à l'issue de la grand'messe, les marches de la croix érigée au centre du cimetière et dont le socle, parfois entouré à hauteur d'appui d'un mur en forme de chaire, remplit d'ordinaire, dans nos campagnes, l'office de tribune aux harangues. Paysans et pêcheurs, gens des terres et gens des côtes, s'attroupent aux pieds de l'orateur, parmi les tombes ; et, lorsqu'il a donné lecture de l' « avis », en concluant, selon l'usage, par l'invitation sacramentelle : « Ainsi donc, préparez vos bras et vos faucilles ! », une immense acclamation salue ses paroles. La période annuelle de la récolte du *goémon vif*, en dépit des rudes fatigues qu'elle entraine et des dangers même qu'elle comporte, est, pour ces populations du littoral, une sorte de divertissement héroïque. Elles en attendent impatiemment l'ouverture. La date varie, suivant les convenances locales, mais pas en deçà de certaines limites traditionnelles : janvier, février sont les mois où il est de coutume constante qu'elle soit comprise.

Remarquez que ce sont aussi les mois où la vie rurale comme la vie maritime est la plus stagnante. C'est la saison des pluies et la saison des vents. Il n'y a rien à faire aux champs, rien à faire au large. Les barques sont tirées sur le rivage et les outils de labour appendus aux piquets des granges. Dans les métairies de l'intérieur et dans les chaumines basses des bords de la côte, l'on demeure mélancoliquement confiné chez soi, sans autre ressource, pour tuer le temps, les pêcheurs, que de raccommoder des filets, les fermiers, que de tailler du lin, roui de l'automne précédent, ou de corder du chanvre. Il y a bien les vieilles qui content des histoires, mais tant de fois entendues ! On en arrive à s'ankyloser les jambes sur les escabelles du foyer, à s'abîmer, devant le feu de mottes, en des rêvasseries sans objet et sans fin.

Et cela dure, ou peu s'en faut, depuis la Commémoration des Défunts, à travers l'humide, la brumeuse, la pénétrante tristesse des « mois noirs »... Ces hommes de plein air, tourmentés d'un impérieux besoin d'activité physique, supportent malaisément cette existence claustrée. Ils ne conçoivent la maison que comme un gîte. C'est l'endroit où l'on couche, non point l'atmosphère où l'on vit. De là leur dédain de tout confortable domestique. Un toit qui préserve de l'intempérie, un trou par lequel on puisse entrer, une lucarne qui, le logis clos, permette tout juste d'y voir clair, que souhaiter de plus? Leurs femmes, leurs enfants en jugent de même : à la moindre embellie, ils sont sur le seuil. Eux, ils n'aspirent qu'à en être hors. Aussi quelle aubaine lorsque l' « août marin », l'août hibernal, est enfin fixé! On va, pendant un jour ou deux, trois peut-être, on va pouvoir secouer cette torpeur où s'engourdissaient le corps et l'âme. La nouvelle, colportée de hameau en hameau, a fait le tour de la paroisse. Et tout de suite on s'apprête, on s'organise. C'est un branle-bas universel.

Quelques notables, désignés par le conseil municipal et décorés, pour la circonstance, du titre de « gardes-goémonniers », reçoivent mission d'attribuer à chaque famille la portion de roches qui lui est concédée. La grève, en effet, a été partagée, au préalable, en autant de lots que la commune compte de *feux*. Il y a même des cantons où, pour éviter les contestations qui pourraient se produire, ces lots sont tirés au sort. Les gardes-goémonniers ont, en outre, la charge, de concert avec la douane du lieu, de surveiller la coupe, d'empêcher les infractions au règlement, de prévenir ou d'arrêter les rixes. Ce n'est pas une sinécure, étant donnée l'espèce d'âpreté, tout ensemble joviale et farouche, avec laquelle hommes et femmes se ruent à cette étrange moisson.

Levés sur les trois heures du matin, pour aviser aux derniers préparatifs, la plupart des travailleurs sont excités dès l'aube. Sous prétexte de leur mettre du cœur au ventre, de les armer contre la bise, contre le froid de l'embrun — et aussi parce que c'est « grande journée », journée de labeur exceptionnel — les chefs de ménage n'ont pas manqué à leur faire boire une large rasade d'eau-de-vie qui achève d'exalter les têtes. Et, comme ces libations se renouvelleront plus d'une fois, au cours de la besogne, quoi d'étonnant si, avant le soir, maint coup de faucille s'égare ailleurs que dans le varech? Il plane sur ce rite semi-agricole, semi-marin, un peu de la fougue et de la démence des bacchanales antiques.

II

C'est surtout en Léon que le spectacle revêt son caractère le plus saisissant. J'en ai retenu, quant à moi, une impression profonde.

Le décor y est merveilleusement approprié à la scène. Les côtes, tantôt dévalent en maigres pentes sablonneuses que prolongent, à mer basse, d'immenses étendues de grèves parsemées de champs d'écueils; tantôt se redressent, d'un brusque sursaut, en murailles abruptes, d'une architecture imposante et sauvage, percées çà et là d'étroits estuaires ou hérissées de gigantesques promontoires. C'est, je pense, du haut d'un de ces grands caps venteux que la femme de Tristan de Léonnois fit guetter le retour du vaisseau qui portait Iseult. Pour avoir été le théâtre de cette poignante fin d'amour, le paysage semble en avoir conservé une sorte de désolation tragique. La nature n'y sait point sourire, et, même dans les plus beaux jours, garde quelque chose de désenchanté. L'hiver y est affreux. Les houles de Manche et d'Atlantique, dont c'est ici le point de rencontre, luttent de vacarme et de fureur. On imaginerait difficilement des parages plus inhospitaliers : c'est comme qui dirait une Tauride bretonne.

La race est à l'avenant : rude et forte, et d'une stature quasi plus qu'humaine, avec de vieux instincts de férocité primitive dont elle passe, quoique très amendée, pour entretenir jalousement les restes. Le sang de ses ancêtres « naufrageurs » tourmente encore ses veines. Car la sombre lignée des « pilleurs d'épaves », c'est principalement en cette région qu'elle a fleuri, et l'on s'en aperçoit bien, à examiner d'un peu près le type et les façons de leurs descendants... Mais j'ai promis au vénérable Jouan Abhamon de n'insister pas sur ce pénible sujet.

La veille du jour où devait avoir lieu la coupe du goémon dans sa paroisse, il m'était obligeamment venu prendre en carriole à Lannilis et, si je dormis mal, cette nuit-là, dans la chambre qu'il m'avait offerte, ce ne fut point la faute du lit qui était excellent, mais la faute de la tempête qui cornait au dehors et qui, tour à tour gémissante et hurlante, mariait, dans un effroyable orchestre, de longues plaintes félines à des meuglements de bœufs affolés.

Lorsque, au petit matin, Jouan Abhamon heurta mes volets, j'étais déjà sur pied.

— Enveloppez-vous chaudement, me recommanda-t-il.

On ne lui voyait, à lui, que les yeux et le nez. Le reste du visage disparaissait dans un extraordinaire casque de molleton, aux teintes fanées, d'un bleu verdi, qui lui enserrait la tête, garantissait la nuque et la gorge, et recouvrait même les épaules. C'est une coiffure qu'on ne rencontre, je crois bien, nulle part ailleurs. Elle lui donnait un je ne sais quoi de mystérieux et de barbare : on eût dit la figure de quelque antique chef de guerre, ressuscité du fond des âges.

Nous sortîmes. La rafale continuait de se déchaîner par trombes, et, dans le vague blémissement du ciel encore brouillé de nuit, galopaient avec des bonds effrayants d'immenses chevauchées de nuages en fuite. Le noir des campagnes, autour de nous, s'animait confusément. Aux menues vitres des fermes des lueurs brillaient, de tous côtés: on percevait des bruits de voix et des ébrouements de bêtes; des ombres s'agitaient, criaient; les routes qui mènent vers les plages s'emplissaient peu à peu d'une rumeur croissante, faite du rapide piétinement des sabots et du roulement solennel des chars. Cela prenait les proportions d'une levée en masse. Sans cesse des groupes nous dépassaient, hommes et femmes pêle-mêle, brandissant des engins variés dont on n'eût su dire, dans le trouble crépuscule matinal, si c'étaient des instruments de travail ou des armes de combat. D'aucuns portaient, balancés au bout d'une perche, d'énormes fanaux de fer-blanc, les mêmes sans doute qu'une ruse férocement inventive attachait naguère aux cornes des vaches pour leurrer les navires en perdition. Ils allaient très vite et tête baissée, fonçant dans le grand vent sauvage qui soufflait de la mer.

Et après une demi-heure de marche par des chemins rocailleux, ravinés comme des lits de torrents, brusquement, derrière un tournant de colline, la mer se montra; la mer ! c'est-à-dire une vaste étendue informe, un chaos sinistre et convulsé, où des traînées de baves blanches striaient des ondulations de dos verdâtres. Très loin, presque aux confins du ciel, un « feu » pâlissait. C'était le phare de la Vierge — semblable, en effet, dans l'indécision de l'heure, au fantôme long voilé de quelque déité des eaux, le front surmonté d'une étoile. Le jour, cependant, achevait de dissiper ces vaines apparences. Mais combien plus émouvante, peut-être, la réalité ! Les grèves, d'où le flot se retirait en se cabrant, étaient à perte de vue, noires de monde. Et, de toutes les hauteurs voisines, par toutes les issues, de nouveaux cortèges débouchaient, sans discontinuer. Une fièvre singulière, une espèce de délire sacré exaltait l'âme de cette foule, gagnait jusqu'aux attelages eux-mêmes qui, les naseaux dilatés, hennissaient à la mer.

Dès que les premières crêtes goémonneuses commencèrent de surgir, ce fut comme un élan irrésistible, toutes barrières rompues. Jouan Abhamon, en sa qualité de « notable », tenta bien de faire quelques remontrances aux gens de son quartier, mais déjà ils étaient dans l'eau jusqu'à mi-corps. Les femmes, au milieu de l'effervescence générale, donnaient l'exemple de la témérité ; les jambes nues, les cheveux noués dans un mouchoir, leur jupe de droguet ficelée autour de leurs hanches, elles se précipitaient droit devant elles, provoquant les hommes de la voix et du geste, opposant leurs poitrines aux vagues et les labourant de coups de faucille, comme pour accélérer leur recul. Les charrettes, bondées de moissonneurs, de moissonneuses, avaient l'air, vues du rivage, de flotter ainsi que des barques remorquées à la nage par des chevaux marins. L'espace était plein de rires, d'appels, de cris, que dominait par intervalles une phrase hurlée en chœur comme une formule d'incantation :

— *D'ar bézin!... D'ar bézin glaz*[1]*!...*

III

La mer, maintenant, avait fui : elle n'était plus qu'un large ourlet d'un bleu sombre, lamé de fines volutes d'argent, à la lisière de l'horizon. Les plages étalaient à découvert leurs sables pailletés, leurs flaques, les mille veines de leurs ruisselets salés, et enfin, et surtout, leurs jonchées de roches, leurs guérets de pierre brune couronnés d'une toison de varech.

1. Au goémon ! Au goémon vert !

Pas un de ces îlots qui ne fût envahi. Sitôt que la mobile draperie des nuages laissait, en se déchirant, filtrer les rayons du blanc soleil d'hiver, les goémons s'allumaient d'un bel éclat doré de moisson terrienne ; on voyait, de sillons en sillons, aller, venir, les dos courbés des faucheurs ; on suivait le jeu rythmé des faucilles, on entendait leur grincement si, d'aventure, elles portaient à faux contre le granit. Parfois, une courte relâche : une tranche de pain dévorée en hâte ; puis, dans chaque équipe, la « tournée de la bouteille », une lampée d'alcool bue au goulot. Durant ces haltes, les *ramasseurs* passaient, soulevaient les javelles aux pointes de leurs tridents et les entassaient dans les charrettes…

Soudain, sur les midi, des sonneries de cloches lointaines retentirent : c'était le carillon des paroisses annonçant l'heure de la marée montante et signifiant aux « goémonneurs », sinon la fin de la coupe, du moins la suspension du travail.

Alors, à travers les sables et les cailloutis de la grève, le même exode recommença, mais à rebours, et, de nouveau, vous eussiez dit une migration des époques primitives, un long serpentement de hordes en marche. Derrière les houles humaines, la mer accourait en un galop tumultueux, les crins dressés. Nombre d'hommes, cependant, étaient demeurés sur les roches, occupés à rassembler les dernières gerbes éparses de la récolte, à les assujettir avec des cordes, à les lier en radeaux, en « dromes ». Je les observais, non sans angoisse. Debout sur ces chalands improvisés, ils attendirent que les eaux fussent assez hautes pour les faire flotter. Puis, au balancement des vagues, on les vit s'avancer vers la terre. Appuyés sur leurs gaffes, dans leur accoutrement barbare, ils avaient l'air de personnages mythologiques qui venaient vers nous, portés par des monstres, des profondeurs du vieil Océan.

PARAGES D'OUESSANT

I

LENDEMAIN DE NAUFRAGE

Juillet 1898.

Voici déjà quelque temps, je regardais du pont de la *Louise* défiler, sur un ciel orageux, tout ce paysage d'îles et d'écueils qui s'échelonnent entre Ouessant et la « grande terre » comme autant d'épaves d'un continent disparu. Nous étions partis du Conquet à la première aube, bien avant que le phare des Pierres-Noires, au large de Saint-Mathieu, eût éteint son feu rouge à reflets sanglants. La pointe de Corsen, sur notre droite, s'estompait vers le Nord en une haute silhouette farouche. A gauche, des croupes vertes, d'un vert roussi, se montraient par intervalles, comme balancées par l'immense remous des eaux : d'abord Béniguet (la *Bénie*, par euphémisme, je suppose), pareille à un lambeau de prairie ourlé d'un lambeau de grève, et où bivouaquent, pour la fabrication de la soude, quelques goémonniers ; puis Morgol, Quéménès, Triélen, roches désertes, hantées des seuls oiseaux de mer.

A Molène (la *Chauve*), nous fîmes escale. Molène est, en quelque sorte, la cadette d'Ouessant. Tandis que la *Louise* stoppait dans le petit port en eau profonde, le môle se couvrait d' « îliens » et d' « îliennes » venus pour recevoir les provisions que le vapeur leur apporte trois fois par semaine, si le gros temps n'y met point obstacle. Le bourg, — une vingtaine de maisons en pierres grises hérissées de lichens, — s'étage sur le flanc septentrional d'une colline basse, d'une espèce de morne dénudé que dominent de leurs pointes, pour ainsi dire jumelles, le clocher de l'église et le mât du sémaphore. Le canot conduisit à terre le facteur, non moins attendu que les provisions, et prit le « recteur » de l'île qui allait rendre visite à son confrère d'Ouessant.

C'était ce même abbé Lejeune dont le nom a été si souvent prononcé, ces jours-ci, à propos du naufrage du *Drummont-Castle*, dont il sera enterré quelque deux cents victimes. L'image que j'ai retenue de lui est celle d'un bonhomme gai, rond de manières, le parler bref et l'allure crâne, comme il sied au pasteur d'une population de matelots. Il faut à un prêtre, pour vivre à Molène, un certain fonds de belle humeur et de joviale philosophie.

Celui-ci, l'année d'avant, avait eu à « extrémiser », en quelques jours, la moitié de ses paroissiens. Le choléra s'était abattu sur l'îlot et y exerçait d'affreux ravages. Le recteur dut s'improviser médecin, brancardier, fossoyeur même, car, le bedeau ayant succombé, force lui fut de retrousser sa soutane et de passer les nuits à creuser des tombes. Aujourd'hui, c'est la mer qui fait refluer vers Molène une moisson de cadavres. Déjà, le cimetière déborde sur la place publique: l'île entière ne sera bientôt qu'une vaste sépulture. Et le robuste abbé Lejeune suffit à tout...

Par le travers des roches gazonnées de Bannec et de Balanec, je me rappelle que le capitaine Miniou me dit :

— Vous avez vu tout à l'heure les Pierres-Noires. Là-bas, dans le suroît, ces lames qui brisent, ce sont les *Pierres-Vertes*.

Je ne leur jetai, d'ailleurs, qu'un distrait coup

d'œil. Elles n'étaient encore que des récifs quelconques qui n'avaient pas fait parler d'eux et dont rien ne présageait la notoriété sinistre. La grande célébrité de ces parages, à cette époque, c'était la « Jument ». C'est elle, elle seule, qu'aux approches d'Ouessant, passagers et marins, nous cherchions des yeux. Elle apparut enfin, dressant aux ras des eaux sa crinière pétrifiée de monstre de la mer. Sur sa croupe écumante, aux trois quarts noyée, un énorme paquebot achevait d'agoniser, de se disloquer pièce à pièce, avec des craquements funèbres. La proue semblait se raidir comme pour essayer de s'arracher à l'effroyable étreinte. Le nom de cette masse moribonde se lisait distinctement en lettres dorées : *Miranda-Hamburg*.

Elle râlait là depuis quatre jours. L'équipage, sauvé par miracle, avait pu gagner le littoral, dans les chaloupes. Nous avions à notre bord le capitaine, qui venait, accompagné d'un agent de la Compagnie d'assurances, reconnaître l'état du navire. Il se tenait à l'avant, taciturne, ne sachant pas un mot de français. Quand nous passâmes devant l'épave, il se découvrit et sur ses joues bronzées coulèrent deux longues larmes, cependant que des Ouessantines, appuyées au bordage, murmuraient, entre deux signes de croix, une courte oraison...

Je fus, dans l'après-midi, au sémaphore du Créac'h, situé à l'extrémité nord-ouest de l'île, sur la plus occidentale des « pinces de crabe » qui enserrent la baie de Lampaul, le principal port d'Ouessant. C'est le coin le plus pittoresque de cette haute table de granit perdue aux extrêmes confins du Vieux-Monde et que des temps relativement peu éloignés verront s'affaisser dans l'abîme; c'est surtout le point de la côte française d'où le regard embrasse le plus large, le plus majestueux horizon.

— Nous sommes ici, me disait le guetteur, sur la lisière d'une des grand'routes de la mer.

Route singulièrement animée et vivante. Des fumées lointaines et qui, à distance, paraissent immobiles, déroulent sans fin leurs volutes grises parallèlement à la ligne onduleuse des flots. C'est, tout le jour, toute la nuit, une caravane ininterrompue de steamers, ceux-ci montant vers le Nord, ceux-là descendant vers le Sud, promenant à travers l'immensité des espaces atlantiques les pavillons de tous les peuples et l'inquiétude éternelle de l'humanité. Du lever du soleil à son coucher, il en défile parfois plus de quatre-vingts dans le champ du télescope du guetteur. Ils passent très vite, à toute vapeur, à toutes voiles.

« Qui voit Ouessant voit son sang », dit un adage breton. Et c'est en été, par les belles accalmies de juin, de juillet, d'août, qu'il faut se défier davantage de ces lieux perfides. Alors, selon l'expression locale, la mer fume; des mousselines ténues flottent entre ciel et eau, suspendues comme des toiles d'araignées géantes, derrière lesquelles les écueils embusqués attendent silencieusement leur proie. En vain le phare du Créa'h brandit à intervalles égaux sa torche électrique : ses rayons se dissolvent dans l'air mou. En vain, la sirène pousse son meuglement enroué : sa voix demeure impuissante à déchirer le formidable silence. Le navire dévoyé, saisi dans un étau mystérieux, oscille, se débat, s'engloutit. Vieille histoire lamentable qui, chaque année, s'augmente, hélas ! d'un nouveau chapitre.

Et que de drames inconnus dont les suaires mouvants du Fromveur n'ont jamais laissé transpirer le secret !...

II

VEILLÉE D'AOÛT

C'était un soir, à Ouessant, dans l'auberge que j'ai décrite ailleurs [1], avec sa salle basse, ornée de meubles qui furent des épaves, et ses deux lucarnes aux rideaux retroussés, ouvrant sur une ruelle étroite au bout de laquelle gronde la mer.

Un groupe d'Ouessantins fraternisaient, le verre en main, avec des « îliens » de Batz, débarqués de la veille. La conversation, hésitante d'abord, s'était promptement animée. On en vint à opposer l'une à l'autre les deux terres, à vanter leurs mérites respectifs, les avantages et les beautés propres à chacune d'elles, surtout les rudes dompteurs de flots qu'elles s'honorent à l'envi d'avoir enfantés.

Ceux d'Ouessant citaient des noms par centaines, en une sorte de litanie homérique : noms de pilotes, de sauveteurs, demeurés illustres dans les fastes de l'île, mais dont la gloire n'a

---

1. *Le Sang de la Sirène.*

jamais franchi la passe redoutée du Fromveur, sauf peut-être, en quelque rare circonstance, pour être inscrite au livre, que nul ne feuillette, des annales du prix Montyon. Les hommes de Batz, l'œil narquois, attendirent, en souriant dans leur barbe, que la kyrielle fût terminée ; puis, l'un d'eux se leva et dit :

— Nous autres, voilà : nous avons Trémintin !

Ce seul nom, jeté d'une voix tranquille, produisit sur l'assistance un effet surprenant. Il y eut un moment de silence quasi religieux ; quelques Ouessantins ôtèrent leurs bérets. Un vieux se souvint d'avoir connu Trémintin, d'avoir trinqué avec lui ; il évoqua ses traits, son air simple et bon enfant, la franchise et la douceur de ses yeux. Dès lors, il ne fut plus question que du « brave pilote ».

L'insulaire qui, le premier, avait prononcé son nom se trouvait être de sa parenté : il avait été bercé sur ses genoux, avait retenu de sa bouche le récit, vingt fois conté, de son héroïque aventure. Sur la prière des Ouessantins, il le conta lui-même tel exactement qu'il l'avait entendu. Il montra le *Panayoti* entouré de barques ennemies, le pont envahi par les pirates.

« — Comment nous débarrasser de cette racaille, lieutenant ?

» — En les faisant sauter avec nous, Trémintin... »

La soute aux poudres est ouverte, l'enseigne Bisson y lance un brandon enflammé.

» — Adieu, Trémintin !

» — Au revoir là-haut, lieutenant ! »

Un peu de fumée blanche, un fracas formidable, et voilà tout le monde en l'air. Trémintin cependant a eu le temps de faire le signe de la croix et de se recommander à Notre-Dame. Et maintenant, en route pour le Paradis !...

Mais le Paradis ne veut pas encore de lui. Après une tournée dans les nuages, il se réveille au fond de la mer. L'eau salée, ça le connaît ; il y est chez lui : un bon coup de jarret le ramène à la surface. Il s'ébroue, respire longuement, lève les yeux vers le ciel nocturne, piqué d'étoiles et, là-bas, devant lui, debout sur les vagues encore agitées par l'explosion, il voit se dessiner une svelte image de femme qu'à son accoutrement il reconnaît pour la Vierge de Roscoff. Elle sourit, incline la tête, semble lui crier : « Courage, Trémintin ! Tu reverras ton pays de Bretagne, et la flèche du Kreisker, et ta maison de l'Ile de Batz ». L'apparition s'évanouit ; mais, au même instant, il se sent la figure frôlée par un cordage : c'est un bout de filin qui traîne à l'arrière d'une yole turque, fuyant à force de rames ; il s'y cramponne des deux mains et se fait remorquer ainsi jusqu'à terre. Il était sauvé.

Le narrateur ajouta :

— Jusqu'à la fin de ses jours, mon grand-oncle fut dévot à la Vierge. « Sans elle, aimait-il à répéter, les crabes de la Méditerranée auraient depuis longtemps nettoyé mes os. »

Gravement, les autres conclurent :

— C'est une grande sainte. S'ils ne l'avaient pas, les marins seraient comme des enfants sans mère.

On but, à la ronde, à la mémoire de Trémintin, et les anecdotes se succédèrent sur le compte de l'humble héros. Les moindres épisodes de sa vie furent relatés. L'histoire de son voyage à la cour est inédite.

Rapatrié à l'Ile de Batz, le pilote achevait de s'y remettre de ses innombrables blessures, quand, un jour, arriva du ministère de la marine un grand pli cacheté : le roi — Louis-Philippe, au dire du conteur — témoignait un pressant désir de voir Trémintin et le mandait à Paris. Sa femme, Chaïc-Al-Lez, insista pour l'accompagner ; elle craignait pour lui les fatigues de la route, d'autant plus qu'en îlienne qui n'avait jamais quitté son île, elle s'imaginait Paris à l'autre extrémité du monde. Elle revêtit donc ses plus beaux atours, sa coiffe de fil de lin, l'ample jupe qu'elle ne portait qu'une fois l'an, le dimanche de Pâques, son tablier garni de dentelles et son petit châle de mérinos noir brodé de fleurs de soie; puis, tous deux prirent la diligence à Morlaix, munis d'un fort panier de provisions.

Aux Tuileries, on leur fit l'accueil le plus chaleureux, et la bonne îlienne eut un succès presque égal à celui de son mari. Mais tous ces honneurs la troublaient sans la séduire. Et, d'ailleurs, avec sa finesse de paysanne, elle eut bientôt remarqué que la flatteuse curiosité dont Trémintin et elle étaient l'objet n'allait pas sans quelque ironie. Impatientée, un peu froissée aussi, elle tira le pilote par le bord de sa vareuse et lui dit en breton :

— *Yvoun, deomp d'ar gèr* ! (Yves, retournons-nous-en chez nous !)

A quoi Louis-Philippe, se figurant avoir compris, au moins le dernier mot, se hâta de répondre :

— Oui, oui, ma brave femme, vous pouvez être tranquille nous l'enverrons encore à la *guerre*.

Vous pensez si Chaïc-Al-Lez rit fort, à part soi, de ce quiproquo et si, à l'Ile de Batz, les commères en firent des gorges chaudes. La chose passa même en proverbe. Et l'on dit encore dans le pays, de quelqu'un qui veut parler de ce qu'il ne sait pas, qu'il s'y entend à peu près aussi bien que le roi de France au breton.

... Mais je me demande si à transcrire ces propos on ne leur enlève pas tout leur charme. Ils ne valent, en réalité, que sur les lèvres d'un homme de mer, devant un auditoire d'âmes simples et dans le cadre fruste d'une auberge d'Ouessant, perdue au large des grandes eaux.

III

EN CORNOUAILLES

DANS L'ARGOAT

I

Je viens de pèleriner pendant un mois à travers les bourgades et les hameaux de la Bretagne intérieure. C'est une région encore peu connue. Les petits chemins de fer économiques commencent à la pénétrer de part en part, mais, jusqu'à présent, leurs wagonnets y circulent le plus souvent à vide. Les touristes n'ont pas encore découvert ces mystérieuses solitudes. Ils préfèrent s'en tenir aux « curiosités », déjà fortement banalisées, du littoral et, par conséquent, à la conception d'une Bretagne conforme au type classique, âpre, grise, dénudée, tempétueuse. C'est tout au plus si une migration de peintres et, à leur suite, quelques voyageurs ont poussé une pointe vers le Huelgoat. Le reste de l'immense étendue de pays que bordent, au Nord, les pentes rousses de l'Arrée, au Sud, les contreforts schisteux de la Montagne-Noire, a gardé intacte la fraîcheur de sa physionomie primitive, sa séduction de terre inviolée.

Les Bretons, dans leur langue, l'appellent l'*Argoat*, la « contrée des bois », par opposition à l'*Armor*, au « pays de la mer ». Et c'est, en effet, son caractère le plus saillant d'être une terre boisée, verdoyante à perte de vue, où les taillis d'aulnes et de coudriers moutonnent au flanc des hauteurs, où s'élancent du creux des gorges de majestueuses hêtraies semblables à de vastes églises végétales.

Par là, elle contraste singulièrement avec la zone côtière, presque partout dépourvue d'arbres et qui n'a, l'été, pour la défendre des ardeurs du soleil, que l'ombre courte de ses haies d'ajoncs. Par là aussi, elle vous donne le sentiment et comme la révélation d'une Bretagne riante et, en quelque sorte, idyllique, toute de grâce, de douceur, d'intimité, absolument différente de celle que l'on visite et que l'on décrit. Les Guides l'ignorent, et il n'y a pas à leur en vouloir : ils n'y trouveraient à signaler à leur clientèle aucune de ces « beautés » sur lesquelles leur prose uniformément admirative a coutume de s'extasier, encore que la procession de pierre des Kragou soit parmi les plus étranges profils de roches qui se puissent voir et qu'il y ait peu de panoramas comparables à celui dont on jouit du sommet du Ménez-Mikél. Le charme de cette nature est moins dans tel ou tel de ses aspects que dans la subtile, l'indéfinissable harmonie de l'ensemble. Vallées sinueuses et profondes, collines aux contours délicats, horizons d'une souplesse merveilleuse et de teintes finement nuancées, tout, ici, respire vraiment le je ne sais quoi d'enveloppant et de prenant par où le pays breton, au dire de M. Brunetière, se distingue des autres pays.

Peut-être est-ce pour cette raison que le peuple a fait de cette partie retirée de la province le séjour de prédilection de Viviane. Elle passe pour y avoir vécu, pour y exercer, de notre temps encore, ses prestiges et ses enchantements. Les bûcherons et les sabotiers, qui forment, en ce terroir, l'élément le plus considérable de la population, racontent à qui veut les entendre qu'il leur est arrivé plus d'une fois, au lever du soleil ou à son coucher, de surprendre la fée celtique, penchée sur le miroir d'une source, lissant ses cheveux d'or.

— Toutes nos rivières, affirment-ils, se renvoient l'une à l'autre son image.

Et les rivières sont nombreuses dans l'Argoat!... C'est la contrée des eaux, non moins que des bois. Là sont les fontaines glacées dont parle le poète, et, comme aux jours lointains où il les chanta, une vénération immémoriale les entoure. Rares sont celles que n'encadre point un mur en pierres de taille, naïvement sculptées. Le plus souvent, le bassin est protégé par un édicule, presque un temple. Car les eaux vives sont sacrées : une divinité tutélaire habite leurs profondeurs, et le bruit de l'onde qui s'épanche n'est autre que le murmure de sa voix. Le christianisme, il est vrai, l'a baptisée d'un nom nouveau, emprunté au calendrier de ses vierges ou de ses saints ; il a modifié le sens de sa légende, mais, ce qu'il n'a pu faire, c'est changer sa vieille petite âme païenne. Elle est demeurée ce qu'elle était aux anciens âges, et, aujourd'hui comme alors, c'est à elle que vont les prières, à elle aussi les pieuses et rustiques offrandes.

II

Que si vous voulez voir célébrer le culte des fontaines dans toute sa splendeur, allez au Pardon de Bulat.

Il a lieu dans la dernière quinzaine de septembre. Le train de Guingamp à Carhaix vous débarquera en pleine lande, parmi les brousses et les bruyères, à la solitaire station de Pont-Melvez.

Le propre de ces lignes de l'Argoat est, pour ainsi dire, de ne passer nulle part, d'avoir l'air de ne rien desservir, et leurs gares font l'effet de maisons de bergers, perdues dans la steppe. Ne vous découragez point, toutefois. Devant vous s'acheminent, par les sentiers, de longues files de pèlerins : suivez-les ; elles convergent toutes vers Bulat, dont la haute flèche élégante, une des plus ajourées de Bretagne, surgit peu à peu, par delà des dos blonds de collines, dans l'estompe légère du matin.

La bourgade est chétive, — un pauvre village des monts, fait d'un presbytère, d'une école et de trois ou quatre auberges ; le paysage, en revanche, est délicieux et l'église est admirable. Mérimée, si je ne me trompe, la visita au cours d'une de ses tournées d'inspection dans l'Ouest, et en reçut une impression très forte. L'ossuaire surtout le frappa, par la saisissante étrangeté des figures macabres qui le décorent. La mort y est représentée dans les attitudes les plus diverses, avec une fougue de ciseau vraiment tragique, et il y a telle contorsion de squelette hurleur que l'on n'oublie plus. Bulat n'aurait que son église que ce serait assez pour sa gloire ; mais elle ne serait probablement pas devenue la grande capitale religieuse de l'Arrée, si elle n'avait eu ses fontaines.

Elle est proprement la cité des fontaines. Nulle autre ne mériterait mieux le nom de *Kerfeunteun* décerné, jadis, par les vieux chefs de clan, à tant de localités bretonnes. De quelque côté qu'on y entre, on est salué par le clair chant des sources. Elles coulent limpides et intarissables, imprégnant l'atmosphère d'une exquise odeur de mousse humide, versant à toutes choses la vie et la fraîcheur.

Les montagnards d'alentour, les gens même de la plaine et ceux de la mer, leur viennent demander, selon les cas, soit la force, soit la guérison ; les jeunes filles les consultent, pour connaître leur destin ; les jeunes femmes y laissent tomber une à une les épingles de leur corsage, afin que leurs entrailles soient fécondes et leurs mamelles gonflées d'un lait nourrissant.

Le Pardon de Bulat est, en réalité, leur fête. Les pompes de l'office à l'église ne sont qu'un accessoire ; la véritable cérémonie s'accomplit auprès des fontaines. Des vieilles vous tendent l'eau sainte, puisée dans une écuelle, et, moyennant une obole, vous enseignent les paroles qu'il faut dire, les rites qu'il faut pratiquer. Chaque source a ainsi son collège de prêtresses en haillons, aux traits ridés, aux lèvres marmottantes. Elles vous content, entre temps, d'adorables histoires, car elles ont des façons ingénues de pontifier. J'ai passé, quant à moi, des heures charmantes en leur compagnie, assis sur la margelle monumentale de la fontaine des Sept-Saints.

— Autrefois, me disait l'une d'elles, avant la Révolution, pas un Breton n'eût manqué de faire le pèlerinage des sept évêchés, d'Aleth à Vannes, par Dol, Saint-Brieuc, Tréguier, Saint-Pol et Quimper-Corentin. D'aucuns le faisaient en corps de chemise, nu-tête et nu-pieds. Tous, au retour, se rendaient à Bulat. Ils trempaient leur visage et leurs mains dans chacun des sept bassins que voici et se relevaient dispos. Ces ondes ont en elles toute la vertu de la terre bretonne...

Sa vertu la plus secrète, en tout cas, et sa plus exquise fraîcheur. Tout ce que l'eau peut contenir de poésie et de mystère, tout ce qu'elle communique au paysage de grâce fluide et, pour ainsi dire, de jeunesse, c'est à Bulat, par une belle soirée de juin et de la fenêtre d'une misérable chambre d'auberge, que je l'ai le mieux senti. Dès que les bruits humains se furent apaisés, le chant des fontaines s'éleva, d'abord en un chuchotis léger, à peine perceptible, puis en un frémissement de notes longues, singulièrement cristallines et pures. Comme évoquée par cette incantation, une forme vaporeuse surgit de chaque source. L'haleine embaumée des prairies les poussa l'une vers l'autre. Je les vis nouer leurs mains diaphanes; et, dans le vallon baigné de clarté pâle, une ronde commença, — la ronde des antiques Naïades bretonnes, filles immortelles **des eaux, de la solitude et de la nuit.**

EN FORÊT

I

J'ai fait la veillée de Noël dans une « loge » de sabotiers, sur les hauteurs encore presque inviolées de l'Argoat.

L'Argoat, au centre de la péninsule bretonne, c'est proprement — on l'a vu — le « pays des bois » par opposition à la zone maritime, à l'Armor. Là, subsistent en larges îlots, aux flancs des monts ou sur leurs cimes, les restes, toujours imposants, de l'antique forêt primitive.

Qui voudrait avoir l'impression directe de ce que pouvait être la Gaule barbare, la Gaule d'avant la conquête, n'aurait qu'à se rendre dans ces contrées. Au printemps, la grâce en est infinie, avec quelque chose, néanmoins, d'inquiétant et de sauvage. Une épaisse toison de feuillages moutonne à perte de vue sur la croupe arrondie des collines, et les vallées qui se déroulent à leur base dorment comme accablées sous le poids d'une frondaison excessive. On y peut voyager des heures entières, sans voir une maison, sans voir un homme, et cela dans un demi-jour verdâtre, au milieu d'un silence enchanté. L'eau même des rivières y glisse sans bruit, parmi les roches, sur un lit de gravier tapissé de longues herbes ondulantes ; et les indigènes ont été si frappés de ce fait que, fidèles aux habitudes de la race, ils lui ont cherché une cause surnaturelle. Les « anciens » vous conteront ceci.

Aux âges lointains où les saints d'Irlande venaient établir leurs cellules de pénitence, leurs *pénity*, dans les solitudes de la Bretagne-Armorique, un d'eux, du nom d'Envel, au lieu de se fixer, comme la plupart de ses congénères, sur quelque point voisin de la côte, décida de pousser jusques au cœur du pays, dans ces terres hautes, chargées de bois, où l'évangile n'avait pas encore pénétré. Il dit donc à sa sœur Jeune ou Jûna, qui l'accompagnait :

— Nous allons remonter la rivière que voici. Où commence son cours, là nous nous arrêterons et nous bâtirons notre ermitage.

Elle sur une berge, lui sur l'autre — car c'était une condition de leur salut qu'ils vécussent séparés — ils marchèrent le long de l'eau durant trois jours. Les arbres s'écartaient pour leur faire place et les broussailles s'ouvraient d'elles-mêmes devant leurs pas.

A l'aube du quatrième jour, Envel, parvenu au sommet d'un des contreforts de l'Arrée, put juger du vaste espace qu'il laissait derrière lui. Gravissant une des crêtes de pierre, en forme de vagues figées, qui hérissent ces parages, il fit signe à sa sœur qu'il était temps de s'arrêter. Et ils édifièrent leurs oratoires, l'un en face de l'autre, de chaque côté du vallon.

Il était dans leur pacte qu'ils ne chercheraient jamais à se voir ni même à converser entre eux. Mais, pour prier, ils unissaient leurs voix et ainsi leurs âmes restaient mêlées. Le chant paisible de la rivière mettait comme une harmonie de plus dans leurs pensées, loin de troubler leur oraison. Un soir pourtant, grossie par quelque pluie d'orage, elle enfla son bruit, roula sous les aulnes qui la bordent des murmures si retentissants que la voix mélodieuse, la faible voix féminine de sainte Jeune en fut couverte. Envel, très doucement, invita la rivière à plus de discrétion. Mais, sans cesse accrue d'ondes nouvelles, étourdie de son propre fracas, elle continuait de galoper, tumultueuse, sans rien écouter. Alors, le bon thaumaturge eut un mouvement d'impatience. Usant de la puissance que Dieu lui avait départie de commander aux éléments, il dit :

— Tais-toi, rivière, tais-toi net, que j'entende ma sœurette !

La rivière, du coup, se tut si bien que, depuis, elle n'a plus chanté. Aujourd'hui encore on l'appelle *An dour mik*, l'eau muette, l'eau du silence. Ne vous y baignez pas ; surtout, fussiez-vous près de mourir de soif, n'y trempez point vos lèvres : vous en perdriez le goût de la parole et les facultés du souvenir. C'est ici le Léthé breton.

II

Les gens de la plaine et du littoral ne sont pas sans éprouver un vague sentiment d'effroi, quand ils se retournent pour contempler derrière eux ces lourdes assises de l'Argoat dont les grands promontoires incultes dominent l'opulente mer de leurs blés, en de solennelles attitudes de sphinx accroupis. Ils en parlent comme d'une région farouche, vouée aux antiques barbaries, toute pleine encore de l'horreur des sombres âges, des époques troubles d'avant le Christ. Ils la nomment *Kerneu du*. la « noire Cornouailles », un peu parce qu'ils la craignent. Rarement ils s'y risquent, et seulement s'ils y sont forcés. J'ai entendu dire de fonctionnaires qu'on y envoyait :

— Les voilà expédiés de l'autre côté du pays au pain!

Des cantons, qui ont la majeure partie de leur territoire engagée dans la montagne, se défendent avec indignation d'en être, et la pire injure que vous pussiez faire à un Breton du Trégor serait de le traiter de « Cornouaillais », d'« homme des bois ».

Faut-il croire à quelque survivance héréditaire d'un vieil antagonisme de races? La chose, historiquement, est possible. Lorsque, au vi^e siècle, les émigrés de la Bretagne insulaire, fuyant devant la tempête saxonne, vinrent, par bandes successives, fonder en Armorique une nationalité nouvelle, ils trouvèrent — cela est certain — des havres déserts, des estuaires quasi vierges, d'immenses étendues en friche, un pays enfin que la paix romaine avait dépeuplé. Mais, si réduite que fût l'ancienne population, encore s'en rencontrait-il çà et là des vestiges. L'accueil qu'ils firent aux nouveaux arrivants fut loin d'être cordial, ainsi qu'on le peut voir par les Vies des saints bretons, seuls témoignages que nous ayons sur cette époque. Il n'y eut point, toutefois, de conflits sanglants.

Trop faibles pour résister à des adversaires dont le nombre allait sans cesse croissant, les indigènes cédèrent la place, se laissèrent refouler peu à peu dans l'intérieur, vers les vallées sinueuses et les âpres sommets de la forêt centrale. L'Argoat leur devint un asile et une citadelle. Ils vécurent d'une existence longtemps précaire, parmi les loups et peut-être les aurochs, sous des ombrages qu'agitait encore d'un frisson sacré la plainte agonisante des derniers druides. Puis, la montagne, les bois leur façonnèrent une autre âme, où bientôt s'effaça l'image — partant le regret — des terres plus riches qu'ils avaient dû quitter. Enveloppés de Bretons, ils se bretonnisèrent. Entre les envahisseurs et les dépossédés l'apaisement se fit. Mais il semble bien que, dans la profondeur de la conscience populaire, subsiste, je l'ai dit, je ne sais quelle réminiscence obscure des anciens démêlés. Le spoliateur surtout garde une sorte de méfiance inquiète à l'égard du vaincu

III

J'ignore ce qu'il peut rester de sang gallo-romain dans les veines de l'habitant actuel de l'Argoat ; mais, à pénétrer dans un de ces logis de paille et de boue épars dans les solitudes des monts, il est difficile de ne songer point au misérable tugurium de quelque serf gaulois. Plus complète encore sera l'illusion, si ce logis se trouve être la hutte d'un sabotier.

Celle où j'ai passé la nuit de Noël est située presque à la lisière de l'ancienne forêt ducale de Porthuault, que hante toujours le spectre de la reine Anne, menant une chasse fantastique derrière la meute de ses blancs lévriers.

Nous y arrivâmes, sur le soir, à l'Angélus, comme les larges pourpres du couchant d'hiver achevaient de s'éteindre au fond du ciel. Ronde, ventrue, amincie seulement en haut, la hutte, avec ses cloisons de branchages et de genêts entrelacés, semblait moins une cabane humaine qu'une ruche énorme disposée au bord de la sente pour recevoir un essaim géant. Deux chiens roux étaient attachés au tronc d'un hêtre, sur un fumier de feuilles mortes : ils aboyèrent à notre approche, tendant vers nous leurs museaux pointus de fauves. Le sabotier parut, salua d'un mot de bienvenue l'ami qui me servait de guide et, retenant d'une main la claie, bourrée de paille, qui faisait office de porte, nous invita d'entrer.

— La « loge » n'est pas grande, dit-il ; mais, si le proverbe est vrai, c'est dans les demeures étroites qu'on a le plus chaud.

Il y régnait, en effet, une tiédeur d'étable, une tiédeur égale et douce, entretenue par un feu de copeaux à flammes courtes, qui brûlait au beau milieu de la pièce, sur un âtre circulaire, sorte de maçonnerie primitive, fait de pierres brutes et d'un peu d'argile délayée. On ne voyait d'abord que ce feu, trouant de son éclat les grandes ombres flottantes d'alentour. Puis, les yeux s'habituant à cette demi-obscurité, des détails surgirent : trois piliers de bois à peine dégrossi étayaient l'étrange bâtisse ; une planchette fixée à l'un d'eux supportait une statuette en buis finement, patiemment travaillée au couteau par quelque naïf sculpteur d'images : « Notre-Dame de Pauvreté — nous expliqua l'homme avec un franc rire — la patronne des gens de ma profession »; contre les parois étaient appendus des outils, des gouges, des tarières, des haches, tout un arsenal d'aciers luisants qu'on eût pris aussi bien pour un matériel de guerre. Tel devait être le pêle-mêle des armes barbares sous la tente des vieux chefs homériques. Le reste de l'ameublement se composait d'un lourd bahut sur lequel trônait pour l'instant une marmite; d'un dressoir aux montants disjoints, garni d'une dizaine d'écuelles en terre; d'une cage où dormait en une posture hiératique un hibou apprivoisé; et de quatre ou cinq escabeaux creusés au fer rouge dans des troncs de chênes.

Je cherchais du regard les lits : le sabotier me montra une rangée de piquets plantés dans le sol et que des ramilles de bouleau, tordues comme des câbles, reliaient entre eux. C'étaient les bordures des couchettes. Quant aux couchettes elles-mêmes, rien de plus agreste, en vérité : des jonchées de fougères sèches en guise de sommiers et des couettes de balle de seigle pour matelas.

— Ce ne sont pas les lits les plus moelleux qui donnent les meilleurs rêves, prononça notre hôte en son parler sentencieux... Et puis, ajouta-t-il, on repose ici, veillé par les astres.

Il nous indiquait, du doigt, au-dessus de nos têtes, une ouverture béante ménagée dans la coupole de la hutte pour laisser passage à la fumée, et où s'encadrait un pan du ciel nocturne, un champ d'azur sombre semé de froides lueurs d'étoiles.

IV

Nous nous assîmes sur les sièges de chêne massif autour du foyer. Des chapelets de sabots enfilés dans une corde se doraient lentement à la flamme, non sans exhaler encore un parfum silvestre de bois fraîchement ouvré.

Le maître du logis, pour nous faire honneur, avait dépouillé son vêtement de travail, le tablier en peau de mouton, et, à genoux devant l'âtre, s'était mis à nous préparer le breuvage national, le *flip*, un mélange bouilli de cidre, de cassonnade et de « vin ardent ». Il s'excusait de nous recevoir si mal, à cause de l'absence de sa femme descendue, avec ses fils, au bourg le plus proche, « à près de deux lieues dans les terres, pour entendre les messes de la Nativité ».

Tout en parlant, et sans s'interrompre

d'activer le feu, il retournait vers nous, de temps à autre, son visage maigre, rugueux et plissé comme une écorce, où brillaient d'une lumière de rosée des yeux d'un gris pâle, singulièrement expressifs dans leur vivacité un peu narquoise.

Le flip versé dans les écuelles, il ne fit aucune difficulté de nous confier ce qu'il savait des traditions et des rites spéciaux que prête l'opinion commune, en Bretagne, à la tribu des sabotiers.

— Les autres Bretons, disait-il, nous appellent des Galls ; et c'est pourtant vrai que nos pères ont ouï conter à leurs ancêtres qu'ils n'avaient pas toujours habité ce pays. Pour venir vers l'Argoat, ils avaient, prétendaient-ils, marché avec le soleil. Une langue plus douce était, en ce temps-là, sur leurs lèvres. Ils avaient appris, dans leur patrie d'origine, l'art de travailler le buis, le houx et le hêtre, et ils apportaient avec eux, dans ces contrées, une industrie inconnue. Leurs secrets, nous les avons retenus, nous, leurs descendants ; une génération les transmet à l'autre. Car nous sommes restés fidèles à l'esprit des aïeux. Le fils, chez nous, ne déserte point le métier du père, quoique les saisons futures s'annoncent mauvaises pour les sabotiers. Nous pourrions, comme on fait tant, aller louer nos bras dans les domaines de la campagne ou les ateliers des villes. Mais nous sommes des gens des bois ; là où cesse la forêt, finit pour nous l'air respirable... Petits de taille, plutôt menus des membres, nous avons parmi le monde une réputation de force extraordinaire et que les niais croient diabolique. A vivre dans le commerce des grands arbres, quoi d'étonnant si leur vertu passe en nous! Une de nos chansons dit : « Serre tes poings, nouveau-né de la loge, car l'existence te sera dure! » C'est le refrain dont nous berçons nos enfants, et, pour les rendre indomptables, nous les roulons tout nus, l'hiver, dans la neige. Oui, tout cela est vrai; et il est vrai aussi que les sabotiers ne forment entre eux qu'une famille, qu'ils se doivent une assistance réciproque, et qu'ils ont, pour se retrouver au milieu des autres hommes, des mots ou des signes connus d'eux seuls. Nous nous donnons même, en breton, le nom français de *cousins*. « Que ton *cousin* soit pour toi comme s'il était tout ensemble ton père, ta femme et ton fils ! » Ainsi s'exprime un de nos adages. Il n'y a pas d'exemple que le précepte ait été violé. Nos différends, s'il en survient, nous les réglons nous-mêmes ; la sagesse des « anciens » les tranche, ou, si elle se récuse, eh bien ! c'est la bonne hache !...

A l'appui de ses dires, l'homme nous conta des histoires épiques, empreintes d'une sauvagerie grandiose, pareilles à des récits des temps mérovingiens.

Dehors, c'était le religieux silence des bois que traversaient par intervalles des appels de hulottes en chasse, tandis que, dans l'ouverture du toit, veillait, selon la parole de notre hôte, le feu des étoiles éternelles.

Documents manquants (pages, cahiers...)
BF Z 43-120-13

DE LA PAGE : 191
A LA PAGE : 194

se prolonger indéfiniment, jusqu'aux derniers confins de l'étendue. Et, tout à coup, cela s'arrêta net, comme dans un sursaut de bête cabrée. La falaise dévalait à pic dans l'abîme et mirait en une mer toute neuve, aux colorations ardentes, les architectures les plus imprévues. On avait l'impression de quelque Babel océanique, bâtie par des maçons fabuleux, aux âges d'avant l'homme. Forteresse ou temple, on n'aurait su dire. Parfois, une gigantesque ogive de granit brut ouvrait sur une terrasse verdoyante et fleurie, sorte de jardin suspendu, artistement aménagé en un lit de sieste pour les fées marines, les étincelantes déités des eaux.

Car c'est tout naturellement que les images légendaires s'évoquent en ces lieux. Elles s'imposent d'elles-mêmes à l'esprit le moins poétique, devant la surhumaine, la prestigieuse majesté du décor. Il n'y a ici qu'une définition qui convienne : c'est un paysage de mythologie.

Et ce qui s'étale sous le ciel libre n'est rien auprès des splendeurs cachées. Pour peu que, à mer basse, le soleil déclinant, vous vous risquiez dans l'étroit sentier de précipice qui plonge vers la grève, un monde vous est révélé, qui vous arrache, dès le seuil, un cri de stupeur et d'émerveillement. Par la baie lumineuse d'un pylône cyclopéen, voici se creuser, dans les entrailles vives du roc, une espèce de basilique souterraine, une de ces étonnantes demeures de songe comme en vit seule surgir dans ses extases la fantaisie délirante des conteurs orientaux. Il n'y a pas de mots pour peindre de tels miracles de somptuosité. Des ruissellements de pierres précieuses coulent le long des parois, la voûte en est lambrissée, et le parquet lui-même, chaque jour lavé, poli par la vague, s'embrase de tous les feux d'une mosaïque invraisemblable, sertie d'émeraude, d'améthyste, de topaze et de diamant. Cela tient de l'hallucination, du prodige. On hésite, interdit, comme les antiques quêteurs d'aventures, quand, devant leurs yeux éblouis, s'entre-bâillaient les profondeurs magiques du Vénusberg ou du Monte della Sibylla.

Ce n'est pas sans un frisson de crainte superstitieuse que l'on franchit l'entrée. On se demande si on ne viole pas je ne sais quel mystère auguste et redoutable. Si vaste que soit le silence, on le sent habité par une présence invisible, et comme tout vibrant encore d'un écho qui viendrait de s'assoupir. On a l'impression de quelque chose de tragique et de sacré.

Les pourpres violentes qui bariolent les murs ont l'air d'éclaboussures de sang frais. On rêve d'un Titan blessé qui se serait réfugié là pour mourir.

Précisément, dans une des chapelles latérales, les gens de la Pointe vous montrent une masse rocheuse qu'ils désignent par ce vocable suggestif : le Tombeau. Et vous diriez, en effet, d'une sépulture monumentale sculptée dans un enfeu. A la partie supérieure, le quartz, labouré d'ondulations et de plis, donne l'illusion d'un linceul recouvrant une forme couchée. Il semble, par instants, que l'on entende respirer la pierre. C'est dans une grotte toute pareille que Morgane, fille du prince de Tintagel, dut emporter le grand vaincu de la Table-Ronde, le fils agonisant d'Uter Pendragon, pour le panser de ses mains pieuses et l'endormir avec des charmes.

Au sortir de la merveilleuse caverne des grèves, nous fûmes entourés par une nuée de moussaillons, enfants de cette côte, et qui vivent perchés sur le rebord de la falaise, à la manière des goélands. Un d'eux nous dit :

— Les nuits de claire lune, à mer pleine, on entend s'élever une voix de femme qui tantôt soupire, et tantôt fredonne un refrain triste, dans une langue inconnue.

Et nous eûmes plaisir à songer que c'était votre voix, ô fée d'Avalon, — que c'était votre voix magique berçant le sommeil enchanté d'Arthur.

LA FIN D'UNE TERRE

I

Décembre 1896.

« Saint Guennolé allait souvent voir le roi Grallon en la superbe cité d'Is et prêchait fort hautement contre les abominations qui se commettaient en cette grande ville toute absorbée en luxes, débauches et vanités... Dieu lui révéla la juste punition qu'il en voulait faire... Le saint, retournant comme d'un ravissement et extase, dit au roi : *Ha! Sire, sire! sortons au plus tôt de ce lieu, car l'ire de Dieu le va présentement accabler...* Le roi fit incontinent trousser bagage, et, ayant fait mettre hors ce qu'il avait de plus cher, monte à cheval avec ses officiers et domestiques et, à pointe d'éperon, se sauve hors la ville. A peine eut-il franchi les portes, qu'un orage violent s'éleva, avec des vents si impétueux que la mer, se jetant hors de ses limites ordinaires et se ruant de furie sur cette misérable cité, la couvrit en moins de rien, noyant plusieurs milliers de personnes ; dont on attribua la cause principale à la princesse Dahut, fille impudique du bon roi, laquelle périt en cet abîme... »

Tel est, en abrégé, le récit que fait de la submersion d'Is le pieux hagiographe Albert le Grand. Lorsque, au début de ce mois, l'Océan, rompant ses digues, envahit les terres basses du pays de Penmarc'h, il n'y eut qu'un cri parmi les populations de cette côte, encore toutes pénétrées de l'esprit des légendes primitives :

— C'est la catastrophe de Ker-Is qui recommence !

De mémoire d'homme, on n'avait vu pareil spectacle. Ce fut plus que de l'épouvante : ce fut de l'hébétement, de la stupeur. On était fait aux colères de la mer, dans ces parages farouches, hérissés d'écueils. Ses sourires même y sont perfides et ses langueurs pleines de menaces. Telle roche, avec sa croix de fer scellée dans le granit, raconte un horrible drame, toute une famille cueillie subitement par une lame sourde, un jour de vacances, sous un ciel splendide, au cœur de l'été.

On n'était pas non plus sans se rendre compte que ce littoral plat, livré presque sans défense aux empiétements des eaux, était fatalement condamné à devenir tout entier leur proie. Les témoignages des « anciens » du pays ne permettaient, à cet égard, aucun doute. N'affirmaient-ils pas avoir lutté sur le gazon, au temps de leur jeunesse, en des endroits où l'herbe drue est, depuis belle lurette, supplantée par les algues et par les varechs? On se résignait donc d'avance à se laisser ainsi manger sur place, pierre à pierre, en quelque sorte, et lopin à lopin. Mais on espérait que la mer y aurait mis de la discrétion; qu'elle se serait, comme dans le passé, contentée d'un modeste lambeau par siècle. On comptait, du reste, pour réfréner l'impatience des flots, sur un cordon de dunes, resté intact du côté du Sud, et que prolongeait vers l'Ouest un mur bas, à forme cyclopéenne, fait de blocs frustes solidement assujettis; on comptait surtout, à vrai dire, sur la protection de saint Guennolé, patron de l'une des principales agglomérations maritimes disséminées sur le territoire de Penmarc'h. De l'église monumentale qui lui fut consacrée, vers l'époque de la Renaissance, il ne subsiste qu'une massive tour carrée, veuve de sa flèche ; mais sa statue se dresse encore, mître en tête, à l'angle du porche, et les vieilles femmes du quartier se plaisaient à voir en elle une espèce de palladium.

— Quand les temps seront venus, disaient-elles, le saint nous fera signe, comme jadis au roi Grallon.

Je ne sais si le saint a bougé. Mais Penmarc'h vient, ou peu s'en faut, d'avoir le destin d'Is.

On a lu dans les gazettes les détails du sinistre : les dunes crevées, les pierres énormes de la digue roulées comme de simples galets, deux cents hectares de palus, de jardins maraîchers, de labours fertiles, transformés en une petite mer intérieure, les maisons lézardées, éventrées, à demi croulantes, les gabares de pêche lancées dans les terres et finissant d'expirer là, les entrailles béantes, comme de grands cétacés noirs, rejetés hors de leur élément. Il n'y a pas à revenir sur ce tableau. Mais peut-être est-ce le moment de rappeler en quelques lignes l'histoire de ce coin de pays qui connut, on peut le dire, toutes les extrémités de la fortune.

II

Hier encore, à voir surgir sur l'horizon nu les profils des cinq églises qui jalonnent ce canton sauvage, dans un espace relativement restreint, il était impossible de n'évoquer point le spectre de quelque cité déchue.

C'est l'impression qu'en reçut Maxime Du Camp, lorsqu'il visita ces parages vers 1850, avec Flaubert pour compagnon de route. Dans les *Souvenirs de Bretagne*, il donne de l'ancien Penmarc'h une description somptueuse, empruntée en grande partie à Souvestre qu'il copie presque textuellement, sans d'ailleurs le nommer. « Une jetée d'un quart de lieue protégeait son port... On y faisait si rapidement fortune que les laboureurs des pays voisins abandonnaient leurs charrues et venaient en foule pour y trafiquer ; ils accouraient en si grand nombre que les champs restaient incultes et que la contrée manquait de pain ; on craignit les famines, et, en 1494, Jean V de Bretagne rendit une ordonnance qui défendait, *sous peine de la hart*, ces dangereuses émigrations de cultivateurs. Il y avait la rue des Marchands, la rue des Cordiers, la rue des Argentiers, la Grand'Rue et bien d'autres ».

La peinture, on le pense, est fort embellie. Une ville qui eût englobé les cinq églises de Kérity, de Saint-Nona, de Notre-Dame-de-la-Joie, de Saint-Pierre et de Saint-Guennolé, aurait couvert une surface presque égale à celle de Paris. Il faut réléguer dans le domaine de la légende cette fantastique cité de la mer. Le vrai Penmarc'h ne constituait pas, à proprement parler, une ville, mais un ensemble de bourgades éparses reliées entre elles par des voies non pavées. Dans les intervalles, en pleine campagne, s'élevaient, de-ci de-là, les manoirs des armateurs, des négociants, des capitaines de barques, qui formaient l'aristocratie du pays. Quelques-unes de ces « bastides » existent encore, avec leurs pignons pointus, leurs porches immenses par où s'engouffraient les marchandises, leur tour de guet d'où la vue s'étendait à plusieurs milles au large, leur arpent de jardin planté d'un bouquet d'ormes aux branches bizarrement tordues par les rafales, — le tout ceint d'un mur crénelé qu'isolait un fossé d'eau stagnante.

De rues des Argentiers ou de rues des Orfèvres, il n'en est pas question dans les vieux textes. Ce qui est certain, en revanche, c'est qu'une race d'aventuriers hardis, un tantinet forbans peut-être, acharnés au lucre et passionnés pour les navigations lointaines, a, jusqu'à la fin du moyen âge, fait retentir ces lieux déserts du bruit d'une activité sans égale. On peut voir encore, sculptée dans le granit des églises, l'image des caravelles qu'ils montaient, semblables, comme structure et comme gréement, à celles de Christophe Colomb. Sur ces barques aux proues élevées que décoraient des aplustres figurant des sirènes ou des dragons symboliques, gardiens de trésors, quelles terres ne visitèrent-ils pas? C'est vers l'Espagne toutefois qu'ils se dirigeaient le plus volontiers. Un mouvement régulier de transactions et de relations de toute nature s'établit, grâce à eux, entre la péninsule armoricaine et la Galice, cette autre Celtique suspendue aux flancs des monts pyrénéens. Des échanges se firent, non seulement de produits, mais d'idées. Les pèlerinages de Saint-Jacques de Compostelle devinrent une habitude sacrée pour les Bretons. Nos chants populaires en témoignent. Le culte de l'apôtre s'implanta même en Armorique; sa légende fut peinte sur les verrières des chapelles, jusque dans les hameaux les plus reculés. Et c'est encore à ces voyages, sans doute, que les Bretons durent de récupérer tels fragments de leur patrimoine national tombés en déshérence, comme, par exemple, le mythe du Purgatoire de saint Patrice qui ne rentra chez eux et ne reprit sa place dans leur littérature qu'après avoir été traité sous forme de drame par le grand Calderon.

Les Penmarc'hins, on le voit, n'étaient pas seuls à s'enrichir du fruit de ces expéditions. Ils avaient, du reste, presque à leurs portes, une source de prospérités peut-être plus abondante.

Naguère, passant à Paimpol, il me souvient d'avoir entendu chanter à un marin ce couplet d'une chanson de bord :

> Si c'était la volonté de Dieu
> Que fût ici la Terre-Neuve,
>   Eham, tira !
> Entre le Yulc'h et Molène,
> Nous ferions en sécurité la pêche !...

Ce rêve d'une race que déciment les longs et mortels séjours dans les mers polaires, il fut, au temps des fastes de Penmarc'h, une réalité. La morue foisonnait dans les eaux toutes proches. On n'avait, pour ainsi dire, qu'à étendre le bras pour la pêcher. Cette industrie qui nécessite aujourd'hui des armements si considérables et dont tant de vies d'hommes sont la rançon se pratiquait, en quelque sorte, à demeure. Des bateaux légers suffisaient : partis le matin, ils étaient, le soir, de retour. Les femmes apprêtaient le poisson, le vidaient, le séchaient à l'air libre et l'empilaient dans de grandes tonnes. Penmarc'h fut ainsi un des principaux marchés de la morue, aux xive et xve siècles.

III

La découverte du banc de l'Amérique du Nord porta une première atteinte à son commerce. Les « rois du carême », comme on appelait ces opulents armateurs, furent contraints d'abdiquer en d'autres mains. Survint la Ligue qui les ruina tout à fait.

Non qu'ils eussent pris parti en cette guerre. Les querelles religieuses les laissaient assez indifférents. Retirés dans leur petite Carthage bretonne, ils envisageaient avec une égale philosophie les succès du duc de Mercœur et ceux du maréchal d'Aumont. Leur tort fut de compter sans le troisième larron, ce sinistre Guy Eder de la Fontenelle, sorte de condottière bas-breton, une des physionomies les plus singulières et les plus complexes de ces temps troublés. Les « marchands » de Penmarc'h croyaient se l'être attaché par des liens magnifiques, et, tout de même se méfiant des appétits de sa bande, recrutée Dieu sait comme, s'étaient retranchés dans une de leurs églises, préalablement fortifiée. Il vint exprès leur faire reproche de n'avoir pas foi dans sa parole. Mais tandis qu'il les haranguait d'un côté, ses soldats escaladaient les remparts de l'autre.

Ce fut une mémorable tuerie de capitalistes, comme on dirait aujourd'hui. Le chanoine Moreau, — une espèce de Froissart cornouaillais, — qui nous en a légué les sanglants détails, prétend que les Penmarc'hins avaient mérité leur sort. Le luxe avait engendré parmi eux les vices les plus détestables et ils n'avaient pas craint de se livrer aux pires abominations dans le sanctuaire même qu'ils avaient choisi pour refuge. Le pays, depuis lors, ne fit plus que péricliter : une fatalité inexorable pesa sur lui, dont il était dans son destin de ne se relever jamais.

Du moins avait-il continué jusqu'à présent de vivre d'une vie précaire. Des masures de pâtres ou de pêcheurs s'étaient construites avec les débris des anciens manoirs. Des troupeaux estimés paissaient l'herbe salée des palus; un blé vigoureux poussait sur l'emplacement des jardins, et la sardine fournissait une ample moisson dans les eaux d'où la morue avait émigré. Aux « sécheries » d'autrefois commençaient à succéder des usines de friture.

Tout cela est actuellement compromis, sinon perdu irrémédiablement. C'est une région à évacuer, un lambeau de la terre française qui va disparaître. Il est peu croyable, en effet, que les travaux des ingénieurs parviennent à faire reculer la mer : tout au plus retarderont-ils, si on les entreprend, la catastrophe finale que Maxime Du Camp prévoyait déjà lorsqu'il écrivait : « Un jour, sans doute, on ne retrouvera plus rien ; le reflux aura tout emporté... »

Il en sera, ce jour-là, de Penmarc'h comme d'Is la Merveilleuse. Ce ne sera plus qu'un paysage sous-marin, une de ces mystérieuses Atlantides que, par les ciels très purs, les pêcheurs de la côte bretonne s'imaginent entrevoir au fond des eaux, parées d'une verdure éternelle et endormies d'un sommeil enchanté.

Une cristallisation mythique se fera autour de la « ville engloutie ». Quelque barde errant, s'il en reste, ira conter par les bourgades sa légende où la traditionnelle Dahut, magicienne perverse, ne manquera pas de jouer son rôle; et si, parfois, durant les nuits de calme, de flottantes, d'imprécises musiques semblent onduler sur la mer, avec les souffles apaisés du vent, les humbles gens et les poètes prêteront l'oreille pour entendre tinter les cloches de Penmarc'h, sœurs de ces cloches d'Is dont Renan lui-même ne laissait pas de subir le charme.

LES CHANTIERS DE LA MER

I

Juillet 1897.

On n'a peut-être pas oublié les ravages causés sur tout le littoral de l'Ouest par les bourrasques du farouche hiver de 1896 et principalement par le raz de marée du 4 décembre qui fut, pour nos populations côtières, comme la révélation d'un fléau inconnu. Les particuliers ne furent pas seuls éprouvés; l'État subit des dommages encore plus considérables. Ici, c'était une digue rompue; là, une cale emportée à vau-l'eau; ailleurs, des môles éventrés, au lieu de former abri, se changeaient en une traînée d'écueils artificiels. Et il va sans dire que les ouvrages avancés du large avaient encore plus souffert. Des phares avaient été éborgnés, sinon aveuglés tout à fait ; des bouées avaient été arrachées ; les mâts de fer, destinés à signaler les roches sournoises qui jamais ne découvrent, avaient été faussés, tordus, comme par des poings de géants. Quant aux tourelles édifiées sur les « plates », c'est à peine s'il en restait trace. J'ai parcouru ce champ de ruines : je ne sais pas de spectacle qui montre mieux la fragilité des œuvres de l'homme et l'effrayante vertu des puissances destructrices de la mer.

Une fois de plus, tout est à recommencer... Et voici que l'on recommence. Il ne s'agit pas, en effet, de se croiser les bras, de se livrer devant les blocs disjoints aux platoniques lamentations d'un Marius sur la désolation de Carthage. Trop de destinées sont à la merci d'une balise qui s'écroule ou d'un fanal qui s'éteint. Coûte que coûte, il faut rétablir les signaux disparus, relever les bornes indicatrices jetées à bas, rendre aux routes atlantiques la lumière et la sécurité. C'est la saison où la mer fait sa sieste, et l'on profite de ce que le monstre est au repos pour lui imposer de nouveaux freins. De toutes parts, des équipes d'ouvriers s'embarquent, la pioche sur l'épaule, la truelle passée dans la ceinture du pantalon, et des chantiers d'un aspect tout spécial s'improvisent dans les îles lointaines, peuplant d'une animation insolite des parages qui n'assistent d'habitude qu'aux ébats des « gottes » et des goélands.

J'ai fait visite, il y a peu de jours, à quelques-uns de ces chantiers.

Un ingénieur de mes amis, M. du Périer, m'avait invité à prendre place avec lui dans un des cotres dont l'administration des ponts et chaussées, par esprit d'économie, a coutume de faire usage pour le transport des hommes et des matériaux. Le bateau sur lequel nous sommes montés a un nom significatif : il s'appelle *le Protecteur*. Un patron, un matelot, un mousse, c'est tout le personnel de manœuvre. Pour refuge, en cas de gros temps, une chambre unique avec deux cadres munis de paillasses où s'écrasent, en ce moment, des piles de pains frais, des quartiers de viande enveloppés dans des torchons, des paniers de choux ou de navets, tout un approvisionnement de vivres impatiemment attendus des exilés que nous allons voir.

Nous mettons à la voile à la nuit tombante, sous un ciel brouillé de nuages. Çà et là des éclaircies, des trous d'un bleu noir, piqués d'un faible scintillement d'étoiles. Une heure après notre sortie du port, nous sommes sur une des grandes voies de la mer. Des phares surgissent de tous côtés, esquissant leur geste de lumière chacun à sa façon. Les uns vous regardent d'un œil fixe ; d'autres promènent un éclat intermittent. Celui de Belle-Île les éclipse tous : on dirait qu'il agite dans les profondeurs obscures de l'espace une torche enflammée, ou mieux il fait penser à quelque volcan sous-marin vomissant des lueurs brusques à intervalles égaux. C'est lui qu'aux approches de la terre française les navires de toutes les nations viennent reconnaître l'un des premiers. Nous saluons au passage cette vedette de la mer qui, peu à peu, décroît, s'évanouit, « noyée » bientôt, selon l'énergique expression du patron Souffès, derrière la ligne mouvante de l'horizon.

L'ingénieur, cependant, me désigne un à un les récifs épars entre lesquels nous voguons, ceux-ci couronnés d'écume, en des attitudes hostiles de molosses grondants, ceux-là dressés à demi hors de l'eau, d'aspect plus menaçant peut-être, avec leurs énigmatiques figures de pierre, leurs airs de sphinx noirs, impassibles et silencieux. J'entends défiler des vocables étranges, empruntés tantôt au domaine mythologique, tantôt au règne animal, en vertu d'on ne sait quelles imaginations, sous l'empire d'on ne sait quelles hantises. Qui expliquera jamais pourquoi telle « basse » s'appelle la Médée, pourquoi tel groupe de roches s'appelle les Pourceaux ?

Nous avons traversé les « coureaux » de Trévignon. Une lumière est devant nous, sur laquelle nous faisons cap et qui va grandissant. Elle apparaît, d'abord, très haute dans le ciel; puis, à mesure que nous nous en rapprochons, elle se fait terrestre, semble quelque feu de pâtre sur un sommet lointain. Cette lumière mystérieuse, c'est le phare de Penfret.

Nous entrons dans une zone de mer calme, qui contraste fort avec les remous tumultueux, aux allures de rapides, que nous venons de franchir. L'étrave du bateau pénètre comme un coutre en des eaux lourdes, huileuses, pareilles à des glèbes retournées, où luisent des phosphorescences, des myriades d'atomes diamantés. Et, quelques minutes plus tard, nous prenons pied sur une grève, dans un paysage d'une solitude inquiétante, presque sinistre. Le feu du phare plane maintenant au-dessus de nos têtes ; ses reflets palpitent comme des ailes immenses, des ailes de clarté, d'une envergure infinie. Une poterne, un couloir, des cellules à droite et à gauche, et, dans les cellules, sur une jonchée de paille, des hommes endormis : ils sont étendus là, côte à côte, deux à deux, trois à trois, les bras repliés sous la nuque en guise d'oreiller, ceux-ci vêtus du bourgeron bleu de l'ouvrier des villes, ceux-là drapés dans un ciré de matelot, tous prêts à sauter debout à la moindre alerte, à se mobiliser au premier signal. Éclairé par la lanterne du gardien de veille, l'Ingénieur procède à la visite, se rend compte du degré d'avancement des travaux. Nous gravissons une soixantaine de marches, et nous voici dans la galerie extérieure.

Tout le sombre archipel des Glénans s'enlève à nos pieds avec une vigueur singulière, en une sorte de relief farouche. On dirait un troupeau de monstres échoués. C'est un pêle-mêle inextricable d'îles, d'îlots et d'écueils, un fourmillement de roches noires, rongées, déchiquetées par une mer presque toujours en fureur. De sourds murmures, des râles immenses enveloppent ces vestiges suprêmes d'une terre effondrée. Du centre du groupe s'érige une forteresse déserte dont les flots viennent battre les remparts et que l'on prendrait pour la tombe solitaire de quelque roi de légende, de quelque monarque barbare enseveli en plein Océan. On a l'impression d'être dans un énorme cimetière préhistorique que les eaux du déluge auraient envahi. Une angoisse funèbre vous étreint le cœur.

II

Quand, à l'aube, nous remettons à la voile, le décor a brusquement changé. La mer, d'un gris délicat, d'un gris de colombe, a des frissons de nacre vivante. Les croupes des îles exhibent de fines toisons vertes, délicieuses à voir dans le premier éclat du jour naissant. Nous suivons un chenal sinueux, parmi des enchevêtrements de pierres aux formes bizarres ; sur leurs cimes, blanches d'une poussière de guano, des goélands sont perchés en rangs immobiles comme à la parade et, philosophiquement, nous regardent passer. Quelques essais de culture, ici et là, disent la présence de l'homme ; une fumée bleuâtre révèle un foyer qu'un bourrelet de dunes nous dérobe ; une vache meugle dans un pâtis.

A Saint-Nicolas nous faisons une courte escale. Une tribu de pêcheurs, du continent, y campe durant la belle saison : ils y viennent poser des casiers pour le homard ou tendre des filets pour le turbot. La cale derrière laquelle ils abritaient leurs barques a été détruite, et ils apportent à l'ingénieur leurs doléances.

— Nous, déclarent-ils, nous n'aurions pas où nous garer du vent, que ça nous serait égal ; on a l'habitude de ces misères. Mais c'est nos bateaux !...

Et il faut entendre l'accent qu'ils mettent dans ces paroles, voir le geste dont ils les soulignent.

Le soleil est déjà haut ; une nappe de lumière ardente s'élargit sur la mer. La brise a molli, comme énervée par la chaleur matinale de ce radieux dimanche de juin : nous en restera-t-il assez pour atteindre la « basse Rouge », dans ces parages de l'Ouest vers lesquels nous nous dirigeons ?

Le récif qui porte ce nom sanglant a été « soulagé » de sa tourelle, comme dit Souffès, et l'on est en train de la rétablir. C'est à quoi s'occupe le chantier de l'île aux Moutons. Mon vœu serait de les surprendre à l'œuvre, les hardis dompteurs d'écueils, les intrépides maçons de la mer. Mais, à la marée montante, force leur est de déguerpir, la roche couvrant à moitié flot ; et, par malheur, la marée monte. Nous arrivons juste au moment où le conducteur qui commande l'équipe donne l'ordre d'évacuer. Déjà les paquets d'eau rejaillissent en gerbes d'écume, et c'est à travers l'éparpillement de l'embrun que les hommes envoient leur salut à l'ingénieur.

Nous les retrouvons, une heure plus tard, à l'île aux Moutons, où leur chaloupe les a débarqués et où ils vivent, depuis près d'un mois, sans autres communications avec la « grande terre » que les allées et venues fort intermittentes du *Protecteur*. Rien de moins héroïque que l'extérieur de ces braves gens qui pourtant fraternisent sans cesse avec le péril, sinon avec la mort. Ce sont, pour la plupart, des paysans qui ont commencé par casser des cailloux sur les routes du continent avant de devenir des « cantonniers de la mer ». Leur visage rasé, leurs traits mélancoliques et doux annoncent des âmes plutôt timides, des caractères faibles et passifs. Mais ce ne sont là que des apparences, et qui mentent. Le conducteur, loin d'avoir à stimuler leur courage, a plus souvent à modérer leur témérité. Le danger les exalte, les enivre. Ils ont conservé le tempérament des Celtes primitifs et goûtent, comme leurs ancêtres, une sorte de volupté âpre à jouter contre les éléments.

Aussitôt à l'île, ils ont dépouillé leurs vêtements de travail. C'est dimanche, ai-je dit, jour de repos et jour de prière. Ils le solennisent à leur façon, en s'habillant comme ils ont coutume de faire chez eux pour se rendre à la messe de paroisse. Autrefois, les Glénans eurent leur église et leur desservant. Le sanctuaire était à l'île du Loch, et le « recteur » habitait la sacristie. Mais il ne reste aujourd'hui de la chapelle que des ruines. L'évêque a dû rappeler le dernier prêtre : la solitude, le tête-à-tête éternel avec les vagues lui avaient troublé l'esprit. A l'île aux Moutons, c'est la fille du gardien de phare, gardienne elle-même, qui lit l'office pour ceux qui veulent y participer : on écoute, front nu, assis sur quelque bois d'épave ou sur le rebord d'une citerne, et le spectacle, en sa simplicité rustique, ne laisse pas d'être impressionnant.

Midi. Le gardien Collin nous promène à travers les décombres accumulés par cette tempête de décembre, désormais historique, dans les alentours immédiats du phare. Les faits s'évoquent avec une extraordinaire précision du fond de sa mémoire d'insulaire, voué par état à une existence d'anachorète où les événements se gravent d'un trait d'autant plus sûr qu'ils sont moins fréquents.

Il nous dit la démence effrayante de la mer, les vagues oscillant à de prodigieuses hauteurs, comme des montagnes ivres, l'île entière noyée, le mur d'abri arraché de ses fondements, ses vaches emportées au fil du courant et qu'il dut repêcher par les cornes, ses filles réfugiées à l'étage le plus élevé de la tour, et le sentiment de détresse qu'ils avaient tous, l'attente résignée, stoïque, de la perdition en commun.

Cependant, aussi loin que puisse s'étendre notre vue, la mer apaisée n'est que sourires. A peine, par places, un léger remous, rompant la courbe harmonieuse des flots, décèle un récif embusqué, quelque « basse » traîtresse, ouvrière de naufrages et de trépas. L'île, dans la clarté sans limites, est toute blonde. Des moutons qui lui ont fait donner son nom il n'y a plus trace. Les seules bêtes domestiques sont les vaches du père Collin ; perchées au sommet du morne central, elles apparaissent comme sculptées en noir sur l'étendue, leurs mufles immobiles tournés vers le large, la queue pendante, les cornes lumineuses, rayonnantes de l'or du soleil. Un silence infini plane. La respiration même des eaux semble s'être tue. Le calme est si absolu qu'il en devient accablant : on finit par en éprouver une sorte d'oppression, par se demander si l'on n'est point le jouet d'un rêve, d'un mirage, le captif d'un monde enchanté!...

III

Avec le soir, la brise s'est levée. Nous partons, à l'heure où les hommes du chantier vont s'exercer à la nage, sous la direction de leur surveillant ; il importe, en effet, que cet art n'ait point pour eux de secrets : leur salut en peut dépendre. Au reste, ils y sont, en général, passés maîtres. D'aucuns d'entre eux s'efforcent, quelque temps, de lutter de vitesse avec le *Protecteur*. L'île est déjà loin que nous voyons encore leurs têtes onduler dans le sillage du cotre. Puis, tout s'efface. Plus rien que la mer lilas et pourpre, où notre voilure se découpe en un fuyant trapèze d'ombre, et là-bas, vers le Nord, une estompe brumeuse, qui est la terre ferme, parsemée de dés blancs, qui sont des maisons. Nous rentrons au pays de la vie, et ce n'est pas sans quelque douceur.

A L'ILE DE SEIN

I

Quand, du haut de la pointe du Raz, le guide a énuméré au voyageur tous les écueils qui hérissent cette côte, il ne manque jamais, en terminant, de lui signaler au large, dans les profondeurs de l'Ouest, une silhouette grise et fuyante, à peine visible au-dessus des eaux. C'est l'Ile de Sein, *Énès Sizun*. Le plus souvent, on l'appelle Énès, tout court. Un vaste fossé houleux la sépare du reste du monde. Les gens du continent n'en parlent qu'avec mystère : une légende tragique plane sur elle et une sorte de tabou la protège. On ne sait jamais, au départ, quand on y arrivera, ni même s'il vous sera donné d'y atteindre. C'est proprement une terre sacrée, au sens antique du mot.

Comme les vestales barbares dont elle passe pour avoir été le séjour, elle garde, dans les lointaines solitudes de la mer, une espèce de virginité farouche.

Un bateau à voiles fait deux fois par semaine, lorsque le temps le permet, le trajet d'Audierne à l'île. Nous levons l'ancre un samedi soir, à l'heure du jusant. Comme passagers, quelques femmes du Cap, déjà malades avant d'avoir quitté le quai, et un prêtre qui se rend là-bas pour aider à la célébration du *pardon*. L'équipage se compose en tout de trois personnes : un mousse, un matelot et le patron Menou. Celui-ci, dont les fastes du sauvetage ont eu plus d'une fois à enregistrer le nom, se montre d'abord à nous dans l'accoutrement d'un facteur des postes ; mais il a vite fait de jeter bas cette livrée officielle, pour revêtir le seul costume qui aille avec sa tête rude : l'étroit béret, le tricot de laine et le pantalon de toile bise.

Ciel lumineux ; mer calme, zébrée de grandes moires, toute pailletée d'argent clair ; brise intermittente et lourde, tel qu'un air chaud remué par un éventail. A notre droite, défilent tour à tour l'arête du môle, les pentes arides et tourmentées des dunes de Trez-Cadek, puis la longue traînée de roches abruptes que domine le sémaphore de l'Hervilly... Nous sommes au large. L'azur glauque des eaux s'est épaissi ; les remous se font plus sonores à l'avant de la barque, et le vent bruit d'un souffle plus ample. Voici déjà les croupes austères du pays du Cap dont le soleil d'août achève de brûler la maigre végétation. Elles forment, dans la direction du Nord, un mur continu, d'un blond roux, avec des fentes, des lézardes, qui laissent apercevoir la coulée verte et sinueuse d'un minuscule vallon. Par l'ouverture d'une de ces brèches, une chapelle exhibe son toit gondolé et son menu clocher de granit. Le patron hèle le prêtre, à l'autre bout du bateau :

— C'est le moment de dire l'oraison, monsieur le Curé !

Le sanctuaire est celui de Notre-Dame-de-Bon-Voyage, devant qui nul « îlien » ne passe sans adresser à la Vierge un salut et une invocation. Malheur au mécréant qui ne se conformerait point à l'usage ! Les fins rubans d'eau bleuâtre qui veinent au loin la mer, et qui ne sont autres que les terribles courants du Raz, se saisiraient de lui, l'envelopperaient de leur réseau et le promèneraient d'une course éperdue autour de l'île, jusqu'au jour du dernier jugement.

13.

Le prêtre s'est levé : debout au pied du mât, cramponné d'une main à un cordage, il récite l'*Angelus* et le *De profundis*; l'assistance, tête nue, donne les répons. Les femmes elles-mêmes ont trouvé la force de se mettre à genoux et estropient les versets latins entre deux hoquets. La scène est d'une beauté simple et forte. Je m'attendais, sur la foi des livres, à la fameuse prière, mentionnée dans tous les Guides :

Sois-nous en aide, ô Dieu, pour traverser le Raz !
La barque est si petite, et la mer est si grande !

Encore une de ces fictions, paraît-il, dont il faut faire son deuil ! Pure fantaisie de clerc lettré, séduit par une facile antithèse ! Les habitants de ces parages ne la connaissent que pour l'avoir entendu baragouiner à des étrangers, à des touristes. C'est un article d'importation.

Le couchant baigne les lointains d'une clarté d'or pâle. Et, sur ce fond éclatant, l'île émerge peu à peu, comme dans une gloire.

Nous y débarquons à la nuit. C'est l'instant propice pour y prendre terre. L'ombre lui sied, ou plutôt la mystérieuse demi-clarté des nuits d'Occident. On a d'elle, alors, une impression profonde, inoubliable, et qui doit être la vraie :

celle d'un radeau en pierre, inhospitalier, sinistre, aux trois quarts sombré dans une mer à la fois câline et féroce, qui le déchiquète brin à brin. Maisons et rochers forment des masses pareilles, ont les mêmes profils étranges, le même aspect d'éternité. Aucun bruit de voix, nul pas humain ne sonnent dans la solitude; seule, retentit l'immense, la lugubre vocifération de la mer. On se sent à sa merci, perdu dans ce paysage fantastique, irréel, et dont l'infinie tristesse vous accable. Une trentaine de bateaux à l'ancre, qui se balancent dans l'eau blafarde du port, font l'effet d'une flotille de cercueils. Une lumière brille, par sautes brusques, tout au bout de l'Énès, une lumière aveuglante, extraordinaire, dressée très haut dans le ciel où elle dessine, en tournant, une gigantesque croix de feu. C'est vers elle que je m'achemine, guidé par le mousse de l'embarcation, à travers des galets et des sables. Dans une des chambres du phare m'attend le lit de l'ingénieur, une couchette très confortable de civilisé.

De la galerie extérieure qui entoure la lanterne, le spectacle est saisissant, et peut-être unique. Une rampe de feu scintille au loin, dans les ténèbres mouvantes des vagues.

— Voyez-moi ce boulevard, me dit en son

pittoresque langage le gardien, le père Brazidec. Des réverbères comme ceux-là vous n'en avez point à Paris.

Celui-ci, vers l'Est, c'est la Vieille, la sorcière du Raz, avec sa flamme d'émeraude, son œil vert de mauvaise fée. Cet autre, c'est le feu du Goulet, une petite lumière clignotante, à peine perceptible. Et puis, c'est Saint-Mathieu, Kermorvan : c'est le phare des Pierres-Noires, dardant par intervalles une prunelle rouge, un regard ensanglanté de taureau. C'est enfin le feu électrique du Créac'h, à l'extrême pointe d'Ouessant, projetant sur l'abîme d'effrayants éclairs, une crinière étincelante de monstre infernal. Et c'est surtout l'Ar-Men, dernière sentinelle du vieux monde : il se dresse, au large de la Chaussée-de-Sein, comme une svelte tige de granit épanouie en une fleur de feu, que les innombrables récifs de cette passe engraissent d'un fumier perpétuel de navires et d'équipages sombrés. Pour combien de trépas, selon la forte expression de Brazidec, ce phare n'a-t-il pas été le cierge suprême ! Les plus gros transatlantiques se viennent prendre ici, comme des mouches à une toile d'araignée ; la carcasse de la *Guyenne* se voyait encore récemment entre deux roches ; son agonie a duré des mois : on l'entendait geindre et se lamenter, comme une chose vivante, sous la furieuse poussée des flots!...

II

Je m'en suis allé à travers l'Énès, dans la fraîcheur du matin naissant. Même caressée par le soleil et sous le premier charme du jour, elle conserve un je ne sais quoi d'âpre, d'hostile, de méchant. La grande lumière d'été ne fait que mieux ressortir le dur relief de ses côtes et leur hérissement sauvage, la finesse aiguë de leurs dentelures. Rien n'égale la désolation de son échine plate aux mornes vertèbres de granit, saupoudrée plutôt que recouverte d'une mince couche de terre friable comme une cendre et qui se volatilise au moindre vent. Elle est une des épaves de cette mer où les épaves foisonnent, un lambeau de continent naufragé. Il n'y vient, en fait de gazon, qu'une herbe sèche, si coupante, que les vaches se blessent les naseaux à la vouloir brouter et lui préfèrent le goémon. Pas un arbre, pas un arbuste; l'affreuse stérilité d'un désert, d'un désert pétré. Car les pierres abondent : il y en a partout, de toutes dimensions et de toutes formes, tantôt accumulées en tas, tantôt répandues par énormes jonchées, tantôt rassemblées en murets branlants pour enclore des champs minuscules. Le vœu le plus solennel que puisse faire une ilienne consiste à promettre à saint Corentin de débarrasser des cailloux qui l'encombrent le sentier qui mène du bourg à sa chapelle. Et c'est, en effet, une œuvre fort méritoire de patience et de dévotion...

Quelques fleurs égayent néanmoins ce sol déshérité : des millepertuis, des giroflées roses, des morelles noires, des touffes de mauves arborescentes à l'ombre desquelles, dans les chaleurs de midi, les insulaires s'étendent parfois pour dormir.

L'anis pullule ; on en fait une infusion d'un goût détestable, mais dont les anciens du pays nous vantent en ces termes la vertu : « Elle serait la meilleure des boissons, si l'on n'avait inventé l'eau-de-vie ». A dire vrai, la plante par excellence est le varech. On le récolte toute l'année. Le plus souvent, c'est la mer elle-même qui se charge de le faucher dans les bas-fonds et de le rouler à la côte. Les iliennes le ramassent et le fanent au soleil ; il sèche, étalé par grands carrés bruns, exhalant une odeur forte qui imprègne toute l'atmosphère ; sec, on le brûle dans des fours primitifs, à l'air libre. L'île est parsemée de ces fosses oblongues, revêtues de galets à l'intérieur, et qui font penser à des sépultures préhistoriques. D'âcres fumées ondulent au-dessus, et l'on songe aux antiques holocaustes que des druidesses attisaient. Chaque four, après six heures d'une combustion qu'il faut activer sans relâche, peut donner de trois à quatre tourteaux de soude qui se payeront deux francs les cinquante kilogrammes aux usines d'Audierne et de Pont-Labbé. C'est la principale industrie de l'île. Le varech a du reste quantité d'autres usages. Le bétail, on l'a vu, s'en repaît volontiers; il fournit également la litière des étables et, pour les hommes même, il n'y a pas, si l'on en croit les indigènes, de coucher plus propre ni plus moelleux.

— Il n'est de beaux rêves, m'affirmait l'un d'eux, que sur une couette de fin goémon.

Jusque dans le cercueil des morts l'on prend soin d'en répandre quelques poignées, pour adoucir leur somme éternel. Mais sa destination la plus inattendue est de servir à cuire le pain que les ménagères fabriquent elles-mêmes. Cette fabrication vaut la peine d'être décrite. Les trois sortes de grains, orge, seigle et froment qui entrent dans la confection de la pâte, sont broyés à l'aide d'un moulin grossier, fait de deux pierres et analogue à celui des Kabyles. La meule supérieure, que l'on tourne d'une main, est percée d'un trou par lequel, de l'autre main, on laisse couler le blé à mesure. La farine ainsi obtenue est mise, aussitôt pétrie, dans un chaudron que l'on renverse sur une plaque de tôle, disposée dans l'âtre et préalablement chauffée au rouge ; on enveloppe le tout d'une épaisse couche de goémon sec, brûlant à petit feu, et, le lendemain matin, quand on soulève le chaudron, la pâte s'est changée en un pain de couleur grise, arrondi comme un galet et aussi dur en apparence, sinon en réalité. Les iliens le préfèrent toutefois au pain blanc du continent, qu'ils trouvent trop léger, d'une digestion trop facile.

— Ça ne tient pas à l'estomac, disent-ils. Ce n'est bon que pour des terriens. A des gens comme nous, toujours à l'air vif du large, il faut quelque chose de plus résistant.

Je me dirige vers le bourg, au son de la cloche qui tinte pour la première messe. Le ciel est d'une amplitude immense : à l'horizon, il se confond avec la mer, en des nuances délicates de mauve et de lilas ; l'Énès apparaît comme suspendue dans l'espace ; on a l'ivresse, le vertige de l'illimité. Dans un terrain vague, à côté d'une citerne en ruine qui rappelle les puits du désert, s'élève la chapelle de Saint-Corentin, petit oratoire breton, vêtu de lichens, presque aussi fruste et vieux à voir que les rochers qui l'avoisinent. De ces rochers, il n'en est pas un qui n'ait son nom, quelquefois même son surnom. C'est ainsi que le *Min-Eonok*, — une sorte de sphinx à face joviale, au nez épaté, noyé dans la bouffissure des joues, — est aujourd'hui plus connu sous le sobriquet de « la tête au père Dumas », importé par quelque commis-voyageur facétieux.

Le sentier, maintenant, pénètre dans la région des cultures ; elle occupe une trentaine d'hectares, morcelés à l'infini. Chaque lopin est encadré d'un mur et affecte des airs de jardin : une voile de barque le couvrirait tout entier. Pauvres petits champs à demi ensablés, soigneusement entretenus néanmoins, et toujours par des mains féminines. La mer aux hommes, la terre aux femmes. Ce sont elles qui labourent, fument, ensemencent, récoltent. En me penchant sur un de ces enclos lilliputiens, je ne suis pas peu surpris de le trouver plein de tombes. C'est, m'apprend-on, « le cimetière des choucriques ». Le choléra de 1884 exerça dans l'île

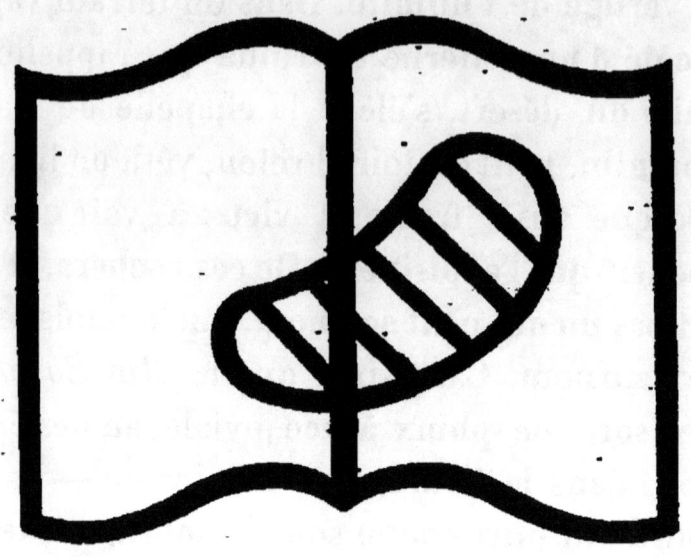

Illisibilité partielle

VALABLE POUR TOUT OU PARTIE DU DOCUMENT REPRODUIT

d'épouvantables ravages ; la mortalité fut telle que le *recteur*, à ce qu[...] me suis laissé dire, dut prendre la bêche [...] layer le fossoyeur. Le cimetière du bourg [...] comble, un insulaire, atteint lui-même d[...]eau, fit d[...] de son champ, par crainte d'être in[...] dans la grève, « comme un chien ou comme [...] nglais ». De là ces tertres funéraires en rase campagne, entre un carré de choux et une planche d'oignons.

Je croise une vieille femme qui éta[...] sécher, sur un murtin, du poiss[...] vidé. C[...]nt déjà les vivres d'hiver que l'on prépare. [...]orte de s'approvisionner à l'avance, [...] des gros temps qui fondent sur le [...]nt où l'on s'y attend le moins, [...] déchaînée des vents de suroît. Ta[...] que dure la saison douce, on peut se considérer comme attaché à la « Grande Terre » par le[...] venues des bateaux de pêche. Mais, à [...] dès les premiers jours d'octobre pa[...] brouillards commencent à tisser autour de l'île leurs trames isolatrices. Les communications s'interrompent. On redevient un radeau désemparé, une terre en détresse, livrée à toutes les colères d'un farouche océan. Les barques sont tirées sur le rivage, car le port même n'est plus un abri sûr. Toute la population s'enfourne dans les cuisines basses, se serre peureusement autour d'un feu de goémon, de bouse de vache ou de bois d'épave. C'est alors que le poisson séché fait son apparition sur les tables, apprêté avec des pommes de terre, sans condiment ni sauce ; et, pendant les quatre ou cinq mois qui suivent, les îliens ne connaissent pas d'autre nourriture.

L'été, du reste, a aussi sa plaie qui est le manque d'eau potable. Le phare possède une citerne des mieux aménagées, mais réservée exclusivement pour les besoins du service. Par ailleurs, on ne compte dans l'île que deux puits. J'ai mentionné celui de Saint-Corentin ; son eau est réputée comme ayant des vertus curatives ; on y plonge les rhumatisants, qui s'en trouvent, dit-on, soulagés ; de même, lorsqu'un enfant tombe en « languissance », une procession de neuf veuves y vient faire des ablutions, selon de vieux rites païens. Malheureusement, pour sacrée qu'elle soit, la source tarit aux premières chaleurs. L'autre puits est situé à l'entrée du bourg : une antique maçonnerie le protège. Un escalier de pierre, aux marches usées et le plus souvent boueuses, conduit à une excavation en forme de grotte où croupit une eau saumâtre, corrompue par les infiltrations de la mer. Comme dans les pays d'Orient, c'est là que, le soir, se concentre la vie locale. Des vieilles aux figures sibyllines échangent de longs commentaires sur les événements du jour, et les jeunes filles, leurs cruches remplies, s'adossent au parapet pour deviser d'amour avec leurs galants. On y assiste parfois à des scènes d'une grâce toute patriarcale et presque biblique.

Toutes les habitations de l'île sont tassées en un seul groupe et forment un pêle-mêle de vieux toits moussus, de l'effet le plus pittoresque. La plupart ont un étage sur un rez-de-chaussée à demi enfoncé en terre. Les fenêtres, exiguës, pareilles à des hublots, donnent sur d'étroites ruelles où deux personnes ne sauraient passer de front. Par derrière, sont les jardinets et les cours. Les intérieurs sont propres, peints de frais : on se croirait dans une cabine. Une boiserie à volets dissimule l'âtre. Tout est rangé minutieusement et, en quelque sorte, arrimé comme à bord d'un navire ; sur une planchette, aux pieds d'une vierge en faïence, d'une Notre-Dame de Bonne Nouvelle ou de Bon Secours, sont empilés des volumes pieux, des missels, des Vies de saints, des livres d'édification populaire, en langue bretonne, tels que l'*Ecole de la douce mort*, le *Trésor du chrétien*, le *Miroir des âmes*.

III

En arrivant au village, je le trouve silencieux et quasi désert ; personne dans les rues ni sur les seuils ; les casiers à homards achèvent de s'égoutter au long du quai ; les bateaux dorment, couchés sur le flanc, à mer basse, les ralingues de leurs grandes voiles brunes traînant jusque dans la vase du port.

Tous les gens de l'île sont à la messe. On les voit là dans l'accomplissement de l'acte où ils mettent peut-être le plus d'eux-mêmes. Le regard plonge, par la baie du porche, dans la sombre petite église striée de rais multicolores, de pâles lueurs d'arc-en-ciel, que darde le soleil du dehors à travers les enluminures des vitraux. Des goélettes en miniature pendent à la voûte et semblent voguer dans l'air lourd, ennuagé par la fumée des cierges. Les hommes emplissent le haut bout de la nef et les transepts ; tous sont debout, en vareuse de drap bleu, les bras croisés sur la poitrine et un chapelet dans les doigts. Le prêtre n'a pas plutôt prononcé l'*Ite missa est* qu'ils entonnent, sur une mélodie ancienne, le poétique *Angelus* breton. A leurs voix puissantes, où grince par instants je ne sais quelle strideur de cordages, répond le chant des femmes, un peu nasillard et gémissant, agréable néanmoins et, dans les notes basses, d'une exquise mélancolie d'accent. Elles sont agenouillées derrière les hommes, sur des chaises marquées à leurs noms; presque toutes sont habillées de noir, de la tête aux pieds : noire est la jupe aux plis épais, noir le corsage ou justin orné aux manches d'un galon de velours, noire aussi la coiffe en forme de cape qui prolonge son ombre sur le visage et, par là, communique aux traits une religieuse douceur.

C'est surtout à la sortie de l'office qu'il faut surprendre les iliennes, au moment où elles se dispersent à travers le cimetière, pour prier sur les tombes des défunts. Nul cadre ne convient mieux à la tristesse qui leur est naturelle, ainsi qu'à l'austérité de leur mise, à ce deuil de veuves qu'elles adoptent dès l'enfance et qu'elles ne quittent jamais. C'est en ce décor que Renouf les a peintes ; et elles sont bien, dans la réalité, telles que dans son tableau.

Même âgées, elles conservent une grâce

étrange, l'élégance d'attitudes particulière aux filles de la mer. Le teint, en revanche, se fane de bonne heure ; la figure se creuse, s'émacie, comme minée par une angoisse héréditaire, et le type le plus fréquent peut-être parmi les jeunes femmes reproduit la vivante et douloureuse image de la Pietà. Les yeux, généralement, sont beaux, mais de nuances indécises, variant du jaune au vert, du jaune doré des goémons au vert sombre des algues marines. L'expression en est voilée et délicieusement alanguie par l'ombre des cils, qui sont d'une longueur vraiment insolite : en quoi il faut voir, dit-on, le signe d'une dégénérescence.

Et, de fait, les habitants de l'île ne se marient qu'entre eux. Les cinq ou six clans dont se compose la population sont tous unis par les liens d'une étroite parenté. Mais il ne semble pas que ces alliances consanguines, perpétuées à travers les siècles, aient déterminé des altérations bien profondes dans la vigoureuse santé de la race. Les hommes, tantôt bruns et trapus, tantôt blonds et sveltes, offrent des exemplaires admirables d'endurance et d'intrépidité. La nature et la mer se chargent, il est vrai, d'opérer la sélection. Que si quelque mal travaille ces robustes tempéraments, c'est le même dont souffre toute la Bretagne, je veux dire l'alcoolisme. Sous ce rapport, ils auraient besoin d'être évangélisés à nouveau, comme ils le furent il y a deux cents ans par le Père Le Nobletz. Tout leur est prétexte à libations : baptêmes d'enfants, baptêmes de bateaux, fêtes religieuses, noces, enterrements. Ils s'enivrent avec volupté, avec rage. J'ai entendu prononcer à l'un d'eux cette parole :

— Au fond du verre que je vide, brille l'entrée du paradis terrestre.

Quand je regagne le phare, à la nuit tombante, force m'est d'enjamber des corps d'iliens, vautrés çà et là dans l'herbe, et qui cuvent leur *vin-ardent* sous la paix des étoiles...

La mélopée de la mer s'élève, lente et continue, avec la monotonie d'une incantation. Deux menhirs, restés debout ainsi que des tronçons de mâts au centre du radeau de pierre, dessinent sur le sol des profils grimaçants et gigantesques, et l'on ne peut se défendre d'un frisson, comme si, dans l'horreur mystérieuse du crépuscule, passait le souffle des anciens dieux.

IV

EN VANNES

CHEZ LES GRÉSILLONS

I

Savez-vous un nom plus charmant que celui de Groix, en Breton Groach', qui veut dire fée?... Au soleil de midi, sous un clair ciel d'août, nous nous embarquions à Lorient pour rendre visite à l'île. Sitôt le vapeur en marche, un admirable panorama de mer s'ouvrit devant nos yeux. L'immense estuaire étincelait, baignant à droite et à gauche des grèves aux sables éclatants, des promontoires finement découpés, des îles blondes, comme alanguies par la sieste sous les panaches immobiles de leurs pins.

Partout des villas, des villages, des grappes de maisons riantes aux noms sonores, Larmor,

Kerroman, Penn-Mané. Brizeux avait raison : cette langue vannetaise a de mélodieux arrangements de syllables, d'une douceur hellénique... Port-Louis, vers le sud, semblait une bourgade de légende, bâtie sur les eaux.

Nous venions à peine de franchir la passe et déjà, derrière nous, la terre avait fui, noyée dans une buée lointaine. Devant nous, en revanche, une autre terre surgissait peu à peu, flottante d'abord, imprécise, entrevue comme dans un mirage, mais qui bientôt s'accentuait en une espèce de haute fresque de pierre, semée çà et là de gazons fauves et nuancée des tons les plus délicats, de gris rose, de lilas tendre. Une houle plus ample balançait maintenant le vapeur. Nous traversions les Coureaux, dont il était aisé de suivre les méandres, à des teintes plus claires moirant la surface de l'Océan. C'est dans ces parages que se célèbre, chaque année, la cérémonie tant de fois décrite de la « Bénédiction de la mer »... Quelques minutes plus tard, nous jetions l'ancre dans le port de Groix, placé sous l'invocation d'un des plus grands thaumaturges de l'émigration bretonne, saint Tudy.

Et qu'il est coquet ce port, avec ses môles de granit bleu, sa tour de guet blanchie à la chaux, ses barques aux formes harmonieuses, peintes de couleurs vives, ainsi que des felouques barbaresques ou des tartanes du Levant! Sur la marine, un joli groupe d'îliennes, les mains croisées sous leurs tabliers de cotonnade à fleurs dont les grands bavolets se viennent épingler jusque sur les épaules, nous regardent passer avec un rire silencieux, une curiosité quelque peu narquoise. Dans leurs yeux, aux paupières longues, il semble que l'on voie luire toute la mer.

II

Nous nous acheminons cependant, par une route étroite et montante, vers l'école de pêche, située dans la partie haute de l'île, au centre d'un large plateau dénudé où alternent les brousses rases, les pâtis et les chaumes. Sur le seuil de l'humble logis scolaire, nous attend le directeur de l'établissement, celui que les nombreuses générations d'élèves, sorties de ses mains, appellent avec une vénération reconnaissante le « Père Guillard ». Peu d'hommes ont mieux mérité, non seulement de leur pays, mais de l'humanité. Ce ne fut pourtant, au début, qu'un modeste instituteur de campagne. Sa vie s'est passée tout entière parmi les clans marins du littoral morbihannais. Et il a eu longtemps, comme ses pareils, l'existence la plus obscure, la plus monotone; seulement il s'est ingénié à la rendre féconde.

Des enfants qu'il était chargé d'instruire, la plupart étaient des fils de pêcheurs. Tout en les initiant aux mystères de l'alphabet et de l'orthographe, M. Guillard fut amené de bonne heure à se demander s'il n'y avait pas à faire pour eux quelque chose de plus efficace peut-être, sinon de plus pressant. Il pensa, non sans raison, que sa qualité d'éducateur de futurs marins lui créait des devoirs spéciaux. Et, d'ailleurs, il avait lui-même l'âme d'un homme de la mer. Tout ce qui touche à l'océan, à la vie du large, lui était un sujet de méditations passionnées. Et, lorsque, vers leurs treize ans, ses écoliers quittaient les bancs de la classe pour ceux de la barque paternelle, ce lui était un navrement de songer qu'on les laissait aller sans armes, en quelque sorte, au plus aventureux, au plus meurtrier des combats.

— Parbleu! disaient autour de lui les pères, hommes rudes, tannés, au moral comme au physique, par l'embrun, — ils feront ce que nous avons fait.

Une antique routine, en effet, transmise d'âge en âge, présidait seule, jusqu'en ces derniers temps, aux destinées des pêcheurs de nos côtes. C'était l'opinion courante, que, pour le plus difficile et le plus dangereux des arts, il n'était besoin d'aucun rudiment. Il y fallait uniquement de la race, une expérience péniblement acquise et le souverain mépris de la mort. M. Guillard ne craignit pas d'entrer en lutte avec le préjugé. Il commença par démontrer aux marins parmi lesquels il vivait qu'ils ignoraient de leur métier les préceptes les plus essentiels et, sans se laisser décourager par leurs sourires, leurs haussements d'épaules, il se mêla de les leur apprendre.

L'humble maître d'école s'était rendu compte que des temps nouveaux exigeaient des méthodes nouvelles. Ce ne sont pas seulement les conditions du travail terrestre qui ont changé dans le cours de ce siècle. La pêche elle-même a subi la loi commune et des modifications se sont produites dans son régime, que des populations qui ne subsistent que d'elle n'ont plus le droit de méconnaître.

Un exemple, entre vingt autres. Jadis, les

migrations de la sardine se faisaient à des époques régulières et par des chemins qui ne variaient jamais. Le poisson abondait au même moment, dans les mêmes parages, comme une manne bénie. On savait la semaine, le jour et presque l'instant. Quelque ancien de la tribu, une sorte de voyant de la mer, grimpait, la veille, par des sentiers abrupts, au sommet du promontoire le plus avancé. De ses yeux d'aigle, habitués à plonger dans les lointains, il fouillait l'immensité, à peine éclairée des premières lueurs de l'aube. Et, dès qu'il avait surpris au large une tache violâtre marbrant le gris azuré des eaux, vite il courait annoncer aux barques déjà sous voiles la route suivie par le « banc ».

Cet usage n'est point aboli ; mais les vieux d'aujourd'hui ont beau interroger la mer, ils n'en reçoivent que de décevantes réponses. La sardine traquée a adopté d'autres saisons et d'autres voies. Et, de la plupart des espèces de poissons, il en est de même : poursuivis avec une âpreté qui va croissant, à mesure que se perfectionnent les engins, ils se dérobent comme ils peuvent, en se réfugiant dans des fonds inconnus, et la topographie des lieux de pêche en est toute bouleversée. Force est d'abandonner la routine, idole impuissante, et de s'adresser à de plus grands dieux.

En outre, la mer n'est plus l'être bizarre et mystérieux, le monstre semi-bête, semi-femme, aux fantaisies tour à tour indulgentes et hostiles, que nos marins se sont plu longtemps à se figurer, d'après d'inconscientes réminiscences des antiques cosmogonies. On sait désormais que, comme toutes les apparences mobiles de l'univers, elle obéit, elle aussi, à des décrets immuables. La science a pénétré quelques-unes de ses lois : on a déterminé la marche des courants, et les vents eux-mêmes ont livré le secret de leurs caprices. Peu à peu s'est édifiée toute une théorie de la mer, que ceux-là seuls continuaient d'ignorer qui avaient le plus intérêt à la connaître. Rien de pratique n'avait été tenté jusqu'à ce jour pour arracher les pêcheurs à leurs vieux errements. Les notions les plus élémentaires de la navigation au large restaient pour eux lettre close. De là tant de sinistres, tant de barques françaises jetées aux côtes d'Angleterre et d'Espagne ou coupées en deux, stupidement, sur les lignes de passage des paquebots. Il y avait une œuvre de salut à entreprendre, des milliers, des vingtaines de milliers d'hommes à éclairer, à guider, à prémunir contre leur propre vanité et contre la plus effroyable des morts. Cette œuvre, M. Guillard s'y est attelé avec une ardeur d'apôtre, et il l'a menée à bonne fin.

Il a commencé par prêcher d'exemple, devant des auditoires restreints. Bientôt, grâce à ses efforts, grâce aussi au concours de quelques personnalités dévouées, il se créait sur le littoral des sociétés locales d'enseignement professionnel pour les marins côtiers. Informés de cette initiative, le gouvernement, le président de la République l'encouragèrent. Une école de pêche fut fondée à Groix, avec M. Guillard pour directeur.

III

Nous y pénétrons à la suite du maître. C'est l'intérieur d'une classe quelconque : des bancs grossiers, des tables tachées d'encre et de goudron ; çà et là, des cartes, des instruments de marine, appendus aux parois : au fond de la salle, une inscription, une seule, tracée en lettres noires sur la chaux de la muraille : « L'alcoolisme, voilà l'ennemi ! » Une trentaine d'écoliers sont là, les uns, moussaillons imberbes encore frais et roses comme des filles, les autres, déjà des hommes faits avec des toisons hérissées, des mains énormes, et des yeux aigus de pirates.

Nous tombons à merveille : c'est jour de distribution des prix. Quelques livres, offerts par la Société bretonne de géographie, sont empilés dans un angle. Debout dans la chaire, — un pauvre bureau vermoulu, — M. Guillard commence la lecture du palmarès. Oh! il n'est pas long. Dix ou douze noms échelonnés au verso d'un bout de papier, c'est toute la liste. Voici s'avancer, en « louvoyant, » la procession des lauréats. Ils sont rayonnants et piteux tout ensemble. Ils tournent machinalement leurs bérets de laine rousse entre leurs doigts. Leur démarche a quelque chose de l'allure dégingandée des oiseaux de falaises lorsqu'ils cheminent à terre, les ailes pendantes. Parfois, il arrive que l'élève désigné ne réponde pas à l'appel de son nom.

Une voix, alors, jette dans le silence :

— Il est en mer!

Et ces mots si simples : « en mer! » communiquent soudain à nos âmes je ne sais quel frisson. L'humble classe s'est comme transfigurée : il semble que nous y respirions toute la poésie aventureuse, toute l'héroïque ivresse du large. Le large! mais il est là, tout proche. Nous en pouvons, par les fenêtres ouvertes, suivre au loin l'immense courbe dorée. Des cotres grésillons passent dans le champ de notre vue, toutes voiles au vent, leurs tangons de pêche pointés comme deux antennes. Tout ce grandiose du dehors emplit la misérable pièce où nous sommes venus nous asseoir pour une heure, lui prête une majesté singulière, en fait comme le vestibule de l'infini...

La cérémonie close, M. Guillard nous donne, pour nous piloter dans l'île, un de ses jeunes apprentis-pêcheurs. C'est un garçonnet d'une quinzaine d'années à peine, mais qui n'en compte pas moins à son actif quatre « campagnes de thon ». Il nous dit, chemin faisant, les joies et les angoisses du métier, les longues navigations errantes, pendant des semaines, des mois même, à des cent et des deux cents lieues, souvent jusque dans les parages inhospitaliers de la côte de Biscaye. Il nous dit les grosses lignes qui traînent, fixées aux tangons et appâtées avec de la peau d'anguille, quand ce n'est pas avec une feuille de maïs ou, moins encore, avec un simple chiffon.

— A l'extrémité de chaque tangon, monsieur, il y a une clochette qui avertit, dès que le poisson a mordu ; car en se débattant, il la fait tinter. On laisse le thon danser un instant, jusqu'à ce qu'il soit à bout de forces, puis on l'amène. Une fois qu'il est hissé, on l'éventre. C'est une bête singulière. Elle a plus de sang qu'un homme. J'ai vu des moments où le pont n'était qu'une mare rouge qui, à moi, me montait aux chevilles. On se fût cru dans une bataille pour de vrai !...

Sa voix vibre d'une exaltation contenue, en évoquant ces grands carnages atlantiques. Et, par une association d'idées bien bretonne :

— Vous a-t-on jamais conté, nous demande-t-il, comment les femmes de chez nous mirent un jour les Anglais en fuite ?

« Voilà. C'était il y a très longtemps. L'amiral des « Saozons » croisait avec toute sa flotte dans les eaux de Groix. Les chaloupes grésillonnes avaient appareillé pour la pêche les jours d'avant ; donc, pas un homme valide à terre, hormis le curé. L'amiral jugea l'occasion propice de tenter un débarquement. Déjà ses vaisseaux s'avançaient en ligne, cependant que les iliennes, consternées, se réfugiaient à l'église de paroisse. Elles y trouvèrent le « recteur », Dom l'Uzel, debout sur les marches du chœur. Si pressant que fût le péril, son visage ne manifestait aucun trouble. Les iliennes pleuraient et se lamentaient : il les calma du geste.

» — Femmes, prononça-t-il d'un ton aussi paisible que s'il se fût agi du prône habituel à la messe du dimanche, — nous allons, d'abord, réciter un *pater* et prier saint Tudy qu'il nous soit en aide.

» L'oraison dite, il se tourna de nouveau vers l'assistance :

» — Maintenant, vous allez, s'il vous plaît, m'obéir de point en point. Vieilles et jeunes, que chacune de vous rentre en son logis, qu'elle dépouille coiffe, cotte, jupons, et revête des habits d'homme. Avant un quart d'heure, il faut que vous ayez, toutes, les braies aux jambes et le suroit en tête.

» Les femmes s'entre-regardaient, se demandant si le bon prêtre n'avait pas la cervelle chavirée.

» — Cela fait, continua-t-il, vous prendrez vos barattes à beurre, vos *ribots*, et vous les irez disposer en hâte sur les sommets culminants de l'île, à Quilhuit, à Kerloret, à Kernédan, au Moustéro. Quand vous les aurez braquées, face aux Anglais, tenez-vous massées derrière et ne vous inquiétez plus de rien. Dieu fera le reste.

» Ce que Dom l'Uzel avait prévu se produisit. L'amiral des Sauzons tomba dans le piège. Il prit les ribots pour des canons et, persuadé qu'une artillerie nombreuse s'apprêtait à lui faire accueil, il donna l'ordre de virer de bord. Les Grésillonnes, depuis ce temps, n'ont jamais eu de ses nouvelles.

IV

Ainsi bavarde gaiement notre guide. Nous faisons halte, un instant, sous les vieux ormes ébouriffés qui ombragent la place du bourg. C'est la seule oasis de cette grande terre chauve. Des vieilles tricotent, assises sur des tabourets bas; des fillettes jouent aux osselets sous le porche de l'église; un douanier flâne, les mains au dos, avec cet air de héron pensif que donnent aux gens de sa profession les mélancoliques stations nocturnes, le long des côtes. Autour de nous sont les maisons du village, trapues, cossues, avenantes. Des jardinets les précèdent, où poussent, à ciel ouvert, des plantes exotiques, des phycoïdes, des bégonias, des figuiers de Barbarie, des lauriers-tins. Toutes ces demeures blanches, silencieuses, respirent une paix coquette et comme une élégance fleurie.

De minces ruelles vont s'étoilant dans toutes les directions. Celle où nous nous engageons mène vers le sud. Nous voici dans la région des cultures. Sans cesse nous croisons des groupes de femmes occupées à ramasser des patates dans le creux de leur tablier. C'est à elles qu'incombent, ici, comme dans toutes les îles bretonnes, les soins de la terre. Elles y vaquent, d'ailleurs, avec une singulière beauté de gestes et d'attitudes, et, ni la sveltesse de leur taille, ni la finesse nerveuse de leurs mains n'en paraissent déformées. Une d'elles, qui chantonnait d'une voix merveilleusement pure et profonde, se tait à notre approche, et, comme nous la prions de poursuivre :

— Holà ! répond-elle avec une moue hautaine, ma chanson n'est pas pour les passants.

— Non. Elle est pour Pierre Lopez ! riposte notre guide.

Et il se sauve en riant, tandis que la jeune fille, riant aussi, lui lance une pomme de terre qui fait partir un vol d'alouettes marines des chaumes d'un sillon voisin.

Des bornes minuscules marquent la limite de chaque propriété, réduite le plus souvent à quelques acres. Rien ne rompt l'uniformité de la vaste plaine nue, si ce n'est, de place en place, la silhouette d'un calvaire, veillant, comme l'hermès antique, sur les labours confiés à sa garde. Elles sont légion, ces croix; elles peuplent l'étendue. L'ilienne invoque, le matin, leur bénédiction sur sa tâche et se signe devant elles, le soir, dès que l'Angélus crépusculaire a tinté pour le repos.

A la lisière de la zone arable, nous entrons dans le pâtis communal. Des vieux, retraités de l'Océan, y font paître, au bout d'une longe, des vaches qu'à l'exiguïté de leurs proportions, comme aux fantaisies de leur humeur, on prendrait plus volontiers pour des chèvres. L'homme et la bête ruminent côte à côte : tandis que l'une remâche son herbe, l'autre remâche ses souvenirs. Un de ces vétérans de la mer se plaint à nous de sa déchéance :

— C'est triste, allez, après avoir manœuvré l'écoute de la grand'voile, de n'être plus bon qu'à tenir un licol!

Par delà le cercle miroitant des eaux, ses yeux où le regard achève de s'éteindre remontent vers ses navigations anciennes, vers les grandes houles bleues qu'argente le sillage des thoniers et que ses prunelles, à lui, ne contempleront jamais plus.

C'est notre dernière rencontre. Nous sommes, à présent, hors de toute humanité, en pleine steppe vierge. De courts ajoncs embroussaillent le sol maigre, s'y cramponnent de toute la vigueur obstinée de leurs sarments, s'efforcent péniblement de fleurir. Puis, ce sont des touffes de plantes barbelées, puis la précaire végétation des roches, les romarins, les lichens, les saxifrages. Après, plus rien. On plane sur le vide ; on se sent devenir impondérable ; on est comme la fumée de ce vapeur qui passe : on flotte, dissous dans le vent, dans le soleil, dans la mer. D'une faille, à nos pieds, s'exhalent des sanglots immenses, comme si quelque Titan agonisait là, écrasé sous la masse du promontoire.

— Le trou de l'Enfer ! nous dit le garçonnet.

On les compte par centaines, au long des côtes bretonnes, ces « enfers ». Celui-ci ne retentit point des hurlements désespérés que font entendre, à Plogoff, les damnés du Raz, mais il ne laisse pas d'être d'une belle horreur. Pendant que nous nous penchons pour sonder l'abîme, notre guide a subitement disparu. Et voici que des profondeurs du gouffre une voix s'élève, entonnant la célèbre complainte des *Trois matelots de Groix...*

Il vente!...
C'est le vent de la mer qui nous tourmente.

Nous écoutons frémissants, la poitrine oppressée d'une indicible angoisse. Élargie, amplifiée, décuplée par un écho fantastique, la voix n'est plus une voix mais tout un chœur, l'infini *lamento* des Ames vouées à toutes les détresses du vent, de la mer et de la mort.

C'est avec une impression de soulagement que nous quittons ces lieux redoutables. Un vallon sauvage fait brèche dans le rempart des falaises. L'herbe y est d'une douceur de velours ; un filet d'eau courante glisse parmi les menthes et les sauges amères, avec un chuchotement discret. La pente aboutit à une crique de sable multicolore au fond d'un fiord enchanté. Il semble que l'Atlantique se soit plu à sculpter cet abri pour quelque Océanide éprise de silence et de repos. La solitude y est éternelle. Les goélands eux-mêmes respectent l'inviolabilité de ces parages. Chateaubriand dirait que le Génie du calme en a fait sa demeure. Les Grésillons désignent cette retraite sous le vocable de Port-Saint-Nicolas, mais pour rien au monde ils n'y aventureraient leurs barques. Une sorte de prohibition mystérieuse les en tient éloignés. Une fée, croient-ils, habite là, celle-là même, je pense, qui a donné son nom à leur île et dont on voit encore, les nuits de lune, onduler le beau corps souple au bercement des houles endormies.

A TRAVERS « LE GOLFE »

I

Que je sais donc de gré à l'*Union régionaliste bretonne* d'avoir fait figurer cette « Excursion sur le Golfe » dans son programme ! Le rendez-vous est à six heures précises du matin, sur la Rabine. Au petit jour, nous dévalons, par bandes, de la haute ville à travers les vieilles rues vannetaises, encore ensommeillées. L'aube, dans le pur ciel d'août, est d'une grâce toute mythologique ; elle se dévêt avec une langueur charmante, laisse tomber une à une ses mousselines argentées, tissées des brumes de la nuit.

Un steamer, mandé de Belle-Isle, nous attend à quai. On dirait, à première vue, quelque aviso de l'État. Tout l'avant est, en effet, couronné d'une guirlande de « Cols-bleus », des adolescents, des enfants même, pour la plupart, que surveillent quatre ou cinq personnages galonnés. Serait-ce un détachement de l'École des Pupilles ou de l'École des Mousses ?... Mais non. Sur le rebord du béret on lit : « Colonie Maritime ». Et j'apprends que c'est l'Orphéon du Pénitencier de Belle-Isle, obligeamment mis par le directeur, M. Péron, à la disposition de la caravane nautique. Heureuse pensée où chacun trouvera son compte : les jeunes détenus vont savourer les délices de quelques heures de vacances, et nous aurons, nous, de la musique sur la mer.

A la coupée du vapeur se tiennent les commissaires des fêtes, parmi lesquels M. Le Beau, le distingué rédacteur de *l'Avenir du Morbihan*, un journaliste, entre parenthèses, qui ne fait point mentir son enseigne. Car le *Morbihan*, c'est-à-dire la « petite mer », n'a pas de pèlerin plus passionné, ni de zélateur plus énergique.

— Je suis un fanatique du Golfe, me conte-t-il tandis que nous prenons place ; plus je le parcours, plus il m'enchante. Il n'a pas un recoin qui ne me soit familier, et cependant il m'est toujours nouveau : le revoir, pour moi, c'est le découvrir. N'est-ce pas à cela que se reconnaît le véritable amour ?

Et il ne l'aime pas seulement pour sa beauté, pour la ciselure, la délicate orfèvrerie de ses rivages, pour l'égrènement harmonieux de ses îles, pour les chatoyantes nuances de ses eaux et les irisations de ses courants; il l'aime plus encore peut-être pour les éléments de prospérité qu'il renferme, pour l'activité féconde qu'on verrait naître sur ses bords, si l'on se donnait la peine de la provoquer. Cette « mer morte », comme il l'appelle non sans tristesse, il suffirait de quelques capitaux sagement employés pour la transformer en une puissante source de vie, et c'est l' « avenir » que M. Le Beau, avec une persévérance que rien ne décourage, travaille depuis des années à rendre prochain.

II

La sirène du *Solacroup* a déchiré la grande paix ensoleillée du matin. La fanfare joue un air de marche et nous commençons à descendre vers l'embouchure de l'estuaire, entre des berges plates que prolongent, à droite, des lointains boisés ; à gauche, des étages de collines vaporeuses dominées, sur les confins de l'horizon, par la ligne imprécise des landes de Lanvaux. Nos hôtes ont songé à tout, même à nous munir d'un bréviaire de voyage contenant l'indication des lieux devant lesquels nous passons. Et c'est comme une volupté des lèvres de les murmurer à mi-voix, tous ces noms chantants : Larmor, Roguédaz, Aradon, Ilur... Cette haute flèche, plantée là-bas comme un gigantesque *amer*, c'est la tour de Séné ; les ardoises claires de la bourgade brillent comme des écailles de poissons d'argent. De la baie qui s'ouvre à côté, s'envolent journellement les barques sinagotes, tendant au vent qui souffle leurs deux carrés de toile brune, leurs deux ailes, inélégantes peut-être, mais trapues. Des gens à part, ces Sinagots. Ils ont conservé des mœurs de lacustres, habitent, à vrai dire, le Golfe, dont leurs femmes fouillent les vases, tandis qu'ils en écument les eaux. En matière de pêche, ils en sont restés aux conceptions préhistoriques : ils ne connaissent ni règlements, ni lois. La mer, pour eux, est à qui l'occupe. Ils la couvrent de leurs cinq cents bateaux et y règnent, en dépit des garde-côtes, par droit de conquête. Ils exercent la piraterie avec ingénuité : ils sont forbans par vocation. Ils n'ont, je crois, d'analogues en Bretagne que les fameux « gars de Kerlor », dans la rade de Brest. D'ailleurs, marins intrépides et pêcheurs consommés. Comment ne le seraient-ils pas, à fréquenter cette petite méditerranée armoricaine, la plus capricieuse, la plus instable des mers, et où la nature semble avoir pris plaisir à concentrer toutes les espèces de péril aussi bien que toutes les formes de beauté?

L'antique légende de Protée devient ici une réalité vivante.

Nous n'avons pas plutôt franchi les rapides de Conleau, que nous entrons en pleine fantasmagorie. A chaque tour d'hélice, pour ainsi parler, nous voyons paraître les mêmes choses sous quatre et cinq visages différents. Les images se construisent et se défont avec une prestesse qui tient du prodige. Quelle baguette merveilleuse fait naître et s'évanouir de la sorte cette série incessante de créations instantanées que d'autres, tout à coup, remplacent? Les îles ont l'air de s'animer, d'évoluer, de voguer vers nous comme un chœur de Cyclades vagabondes. D'aucunes évoquent à l'esprit les îles flottantes du Meschacébé de Chateaubriand: elles ne sont point fleuries, comme leurs sœurs du Nouveau Monde, de nénuphars et de pistias; mais les bois de pins qui les couronnent répandent jusque dans la mer leurs chevelures embaumées. Tout cela, par cette calme journée d'août, est d'une grâce incomparable. Les écueils eux-mêmes font penser à des Néréides qui fendraient l'eau d'un geste charmant. Mais, à la force, à la vitesse des courants qui veinent de leurs marbrures entrecroisées la chatoyante surface du Golfe, on ne laisse pas de pressentir de quelles violences soudaines il est capable, pour peu qu'un caprice des éléments réveille les formidables puissances de destruction endormies dans ses profondeurs. Il n'est pas un de ces champs d'ondes lisses, pas un de ces larges miroirs rayonnants qui ne recouvre quelque cimetière de barques mortes et d'équipages sombrés. On me montre du doigt une toison d'écume blanche frisottant sur l'eau bleue, presque à l'entrée du goulet, et l'on me dit :

— C'est le « Mouton » !

Ne vous fiez pas à ce nom idyllique. Il a dévoré des milliers d'existences humaines, cet agneau, et l'on cite encore des formules d'incantation que les Arzonnaises lui adressaient, comme à une espèce de licorne sanguinaire, pour conjurer ses maléfices.

Devant Locmariaker, nous stoppons. C'est

le moins que nous allions saluer dans la lande où il gît, séparé en quatre tronçons, le patriarche des mégalithes, le roi foudroyé des menhirs. Mais l'accostage est loin d'être facile. Locmariaker, en effet, obstrué par les vases, ne devient un port accessible qu'à marée haute.

— Vous saisissez ici une preuve, entre mille, de l'incurie que je vous signalais, nous fait observer M. Le Beau.

Et certes, il serait fort simple et, somme toute, peu coûteux d'ouvrir dans cette bourbe un chenal navigable jusqu'au môle. L'étonnant, c'est qu'on ne s'en soit pas encore avisé et qu'on laisse péricliter un havre, autrefois sans égal dans l'histoire de nos fastes maritimes, s'il est vrai, comme l'affirment les archéologues, que l'antique Dariorigum s'éleva sur ses bords et qu'il fut témoin du formidable choc des prames vénètes contre les vaisseaux latins... Nous finissons, quant à nous, par y atterrir dans des « plates », non sans avoir failli nous échouer plus d'une fois. Et, naturellement, c'est par le nom de César que nous sommes accueillis. Son ombre plane sur toute cette contrée. Du haut de cette butte, il surveilla, plein d'angoisses, les péripéties du combat; vainqueur, il se reposa de ses appréhensions et de ses fatigues sous la table de ce dolmen. Cette fillette en haillons, qui paît son troupeau dans la dune, vous parle de lui comme si elle l'avait connu. Ne soyez pas trop surpris, si l'on vous conte que c'est lui encore qui fit mettre en pièces le menhir de Mané-Hroëk. La colossale statue du géant de pierre offusquait, paraît-il, le chétif imperator.

C'est, on s'en souvient, ce menhir monumental que l'amiral Réveillère souhaita tout récemment de reconstituer et de faire dresser en plein Paris, dans le Paris de l'exposition, comme le symbole impérissable de l'éternité du génie celtique. Les gazettes s'émurent, les unes pour applaudir au projet, les autres pour s'en gausser; il y en eut même qui s'indignèrent. En fin de compte, force fut à l'amiral de se retirer sous la tente, avec son rêve ; et l'immense granit déchu continua de joncher de ses ossements épars la lande de Locmariaker où ils fournissent aux moutons un peu d'ombre, aux poètes un thème à méditations grandiloquentes, aux touristes sans lettres un rempart naturel qui leur permet de déjeuner sur l'herbe, à l'abri du vent.

— Pensez-donc ! me confie un indigène, il est notre richesse, ce menhir ! Sans lui, sans César et sans nos huîtrières, qu'est-ce que nous deviendrions ?

III

Le large, maintenant. Houad, Houadic, les deux îles jumelles, s'estompent en une fumée flottante vers le sud. Le phare de la Teignouse monte, au loin, sa faction solitaire sur un récif à mine inhospitalière et maussade, bien digne de son nom hargneux. La mer, autour de nous, irradie. La côte vannetaise n'est plus qu'un trait imperceptible dans le poudroiement doré de l'horizon septentrional. Nous faisons cap sur Port-Haliguen. Comme nous en approchons, voici grandir sur la splendeur des eaux une vision presque irréelle de navire, qui éveille en nous un monde de réminiscences classiques, nous donne, un instant, l'illusion que nous croisons quelque somptueuse galère paralienne, attendant de se mettre en marche vers Délos.

Qu'est-ce que cela peut bien être?... Les marins du *Solacroup* ne se le sont pas demandé deux fois. Cette mâture élancée, ces hautes vergues où les voiles carguées font l'effet d'une suspension de blanches draperies, ces hunes aériennes, cette profusion d'échelles, de câbles, de cordages, tout ce gréement, enfin, si harmonieux et si compliqué tout ensemble, il n'y a plus en France qu'une frégate à qui ce signalement convienne. Des vivats éclatent à notre bord, tandis que, des haubans de la *Melpomène*, des nuées de gabiers bretons nous renvoient, dans tous les dialectes de la péninsule, notre salut.

Le programme de la fête veut que nous touchions à Quiberon. J'avais visité naguère, un jour d'hiver, sous la pluie, cette loque de terre décharnée. Au sortir des landes de Plouharnel et de Carnac, désolées sans doute, mais que peuplent du moins leurs énigmatiques processions de pierres, cette longue côte sournoise, aplatie et comme rampante, m'était apparue d'une sauvagerie sinistre, dénuée de toute poésie et de toute grandeur. Il en est de certains paysages comme de certaines physionomies qui semblent marquées, par avance, pour quelque atroce fatalité. L'échine basse de Quiberon dut appeler de tout temps les débarquements furtifs et sans gloire. Il y a comme une harmonie préétablie entre cette terre et le cauchemar historique qui pèse sur elle.

J'en reçus, dès l'abord, une impression de malaise qui, dans la suite de la journée, ne fit que s'accroître. J'avais en poche quelques mots de recommandation pour un pêcheur aisé dont l'aide, m'assurait-on, me faciliterait les moyens de faire une connaissance immédiate avec la contrée. Ma chambre retenue à l'hôtel, je me mis en quête de ce brave homme.

— Les Falc'her? m'avaient répondu des gamins, en me montrant l'occident, d'un geste vague. C'est là-bas dans la « Falaise ».

Je pris le premier chemin qui s'offrait dans cette direction. Une pluie fine, couleur de cendre, que les grands souffles du large chassaient en tourbillons de poussière d'eau, enveloppait toutes choses comme des plis détrempés d'un crêpe. J'allais devant moi au petit bonheur. La sente que je suivais, flanquée à droite et à gauche de murets croulants, décrivait les zigzags les plus fantaisistes et, à tout moment, menaçait de me fausser compagnie, de me planter là, en détresse, au milieu de l'immense pays noyé. Deux ou trois fois, une plainte plus sourde, plus continue que celle du vent, m'avertit que je côtoyais le rivage. Une énorme masse rectiligne surgit soudain du brouillard. J'étais au pied du fort Penthièvre. J'interrogeai le soldat de garde. Il m'apprit que je tournais le dos au point que je désirais atteindre.

Et me voilà de recommencer à rebours un bon tiers du trajet parcouru. Au terme de cette décevante pérégrination m'attendait une bien autre aventure.

Lorsque je fus, en effet, pour franchir le courtil sablonneux qui donnait accès au seuil des Falc'her, je ne fus pas peu surpris d'apercevoir les chandelles allumées derrière les rideaux des vitres, quoiqu'il fît encore jour. Je heurtai à la porte. Une jeune fille aux yeux rougis de larmes vint m'ouvrir.

— Samuel Falc'her, s'il vous plaît?

— C'est ici, monsieur, me répondit-elle en breton.

Je me trouvai dans la cuisine toute pleine de gens agenouillés. Une vieille, près de l'âtre, récitait les prières des agonisants. Dans un retrait, contre la fenêtre, sur la table drapée de blanc en guise de lit funéraire, reposait un homme d'une cinquantaine d'années, une figure énergique de marin, aux traits de parchemin durci, immobilisés, pétrifiés par la mort. Penché sur lui, un barbier achevait sa toilette d'éternité. On entendait grincer le fer du rasoir. J'embrassai la scène d'un coup d'œil rapide. Un douanier, venu en voisin « pour jeter de l'eau bénite », sortait : je profitai de ce que ma présence n'eût pas encore été remarquée, pour m'esquiver avec lui.

— Le trépassé, serait-ce le maître de la maison? demandai-je.

— Lui-même... Un coup de sang... Il rentrait de pêche. En mettant le pied sur le môle, il s'est abattu comme un bœuf.

Je m'en revins avec le douanier jusqu'à la bourgade. Sans lui, je crois bien, je n'aurais jamais su regagner mon gîte. Toute la nuit, le vent souffla en tourmente. Dans les intervalles d'accalmie, je m'imaginais ouïr des appels, des rumeurs de foule, bientôt évanouis, perdus dans le râle effrayant de la mer. Je m'enfuis à l'aube, dans la stupeur du crépuscule matinal, sous un ciel livide, un ciel tragique, dévasté comme un champ de carnage...

C'est un Quiberon d'été qui s'exhibe aujourd'hui à notre vue. Nous nous y acheminons par une route poudreuse, jalonnée de villas trop neuves qui sentent le campement, le logis de passage, et dont les architectures de banlieue parisienne détonnent sur ce sol âpre, dans cette espèce de Bretagne pétrée, plus morne encore peut-être sous les ardeurs du soleil d'août que sous la tombée lugubre de l'embrun de novembre. Un casino nous envoie des musiques tapageuses et des chants de cabaret montmartrois. Des baigneurs, des baigneuses, promènent, à travers l'aridité des landes et des sables, leurs costumes multicolores, leur désœuvrement et leurs journaux. Mais que tous ces bruits, tous ces spectacles de la vie civilisée, semblent donc ici déplacés et piteux! Loin d'animer la solitude, ils la font paraître plus vide, plus sauvage, plus abandonnée.

La lumière darde, implacable. Elle flagelle la presqu'île de ses feux irrités; elle s'acharne, dirait-on, à en exagérer toutes les tares, toutes les lèpres. Entre les clôtures de pierres sèches, se meurt une végétation malade dans une terre appauvrie. C'est la même tristesse accablante qu'à mon premier voyage : seulement, au lieu d'un désert de boue, c'est un désert calciné.

Aussi, quel allégement de retrouver la mer, la brise, et d'entendre courir à nouveau le sonore frémissement des eaux du Golfe dans le sillage du *Solacroup!*

IV

Nous n'avons fait, à l'aller, que contourner les îles morbihannaises, dont le nombre, s'il faut en croire les riverains, égale celui des jours de l'année ; mais le retour comporte une escale dans l'une d'elles, et il va sans dire que l'on n'a pas choisi la moins attrayante.

Les Français l'appellent l'Ile aux Moines. Des religieux en furent, paraît-il, les premiers colons. Elle est digne d'avoir été visitée par Saint Brandan et par les dix-sept compagnons qu'il entraînait à sa suite sur les mers; car c'est vraiment une de ces terres de promission célébrées dans les anciennes odyssées celtiques, où il suffisait, au dire de nos pères, d'avoir séjourné quelques heures pour que les vêtements en restassent parfumés à jamais.

On me conte sur elle des légendes exquises, pendant que je regarde sa forme encore lointaine se détacher peu à peu de l'archipel qui lui fait escorte. La tradition veut qu'elle ait été reliée jadis à l'Ile d'Arz par une chaussée dont on explique ainsi la disparition. Il y avait à l'Ile d'Arz un jeune homme de haute lignée qui s'était épris d'une fille de pêcheur. Elle était belle et chantait à voix merveilleuse, « à voix de seraine », comme parlent les vieux poètes, et elle avait si bien ensorcelé le jouvenceau qu'il se mourait du désir d'en faire sa femme. Les parents de celui-ci, pour le préserver de cette mésalliance, eurent recours au moyen le plus énergique : ils l'enfermèrent au couvent de l'Ile aux Moines, aimant mieux le donner à Dieu que de le voir à une fille de basse espèce. Mais la pêcheuse, sous prétexte de faner du goémon ou de ramasser des palourdes, venait chanter jusque sous les fenêtres de l'abbaye, et nulle muraille n'était assez épaisse pour empêcher sa troublante cantilène d'arriver jusqu'au reclus, en qui elle réveillait, au grand scandale des autres moines, toutes les fureurs et toutes les mélancolies de la passion contrariée.

C'était une hantise, une possession. Ni prières, ni conjurations n'y faisaient. Alors, le Père abbé se résolut d'employer les voies extraordinaires : il invoqua, par des oraisons appropriées, les Puissances destructrices du Golfe. Le résultat ne se fit pas attendre. Le matin suivant, quand la pêcheuse voulut gagner l'Ile aux Moines pour s'y livrer à ses exercices quotidiens, au lieu de la chaussée qu'elle avait coutume de prendre, elle trouva devant elle une barrière de flots écumants. La mer, dans la nuit, avait rompu l'isthme. La malheureuse, de désespoir, s'y précipita, Hellé bretonne de cet autre Hellespont. Sa plainte d'amour, toutefois, ne s'éteignit point avec elle. Le passeur qui fait le service de l'Ile d'Arz au havre de Kerné, dans

« la Grande Terre », vous affirmera qu'aux soirs de calme il s'est souvent oublié, la rame suspendue, à écouter les sons délicieusement tristes d'une voix de femme, qui semblaient monter du fond des eaux.

L'histoire ne dit pas si le jeune moine se consola de survivre à celle qu'il aimait. L'aventure, en tout cas, ne porta point bonheur à la congrégation. Poursuivis peut-être par la rancune de la « Sirène », ses membres se dispersèrent. Bientôt on ne se souvint pas plus d'eux que s'ils n'eussent jamais existé. De l'établissement considérable qu'ils avaient fondé, il ne reste plus trace ; les siècles en ont effacé jusqu'aux ruines. L'île a même rejeté l'appellation qu'elle tenait d'eux et repris son nom primitif, son nom gracieux d'Izéna.

Elle achève de se dessiner à notre vue, couchée, les bras en croix, sur le satin mouvant du Golfe. Des bouquets de pins parasols éventent son front de leurs panaches frémissants. Elle a l'air de dormir en une pose charmante de langueur et d'abandon. Les accents de notre fanfare la réveillent, car nous nous avançons vers elle en musique, avec la solennité d'une théorie de pèlerins de la mer abordant une terre sacrée. Et soudain la voici qui s'anime et qui nous sourit.

Du creux fleuri de ses vallons et du faîte onduleux de ses collines, elle délègue à notre rencontre ses vieillards et ses jeunes filles. Quant à ses jeunes hommes, ils courent le monde, épars sur tous les océans. Marins de l'État ou du long cours, les ailes ne leur ont pas plutôt poussé qu'ils s'envolent. Que s'ils reparaissent de temps à autre dans l'île natale, ce n'est que pour y construire un nid, épouser en hâte, et repartir.

— Leur troupe fugitive, me dit un ancêtre, ne perche parmi nous que comme les goélands.

À mesure que nous débarquons, le maire, un vénérable chef de clan, nous souhaite la bienvenue à la manière antique. Sa parole, son geste sont d'une gravité, d'une douceur et d'une noblesse toutes patriarcales. Derrière les « anciens » qui l'accompagnent, s'étagent en groupes harmonieux, semblables à des corbeilles de fleurs éclatantes, les fiennes ou, comme on s'exprime ici, les « iloises »... Un vieux maître au cabotage trégorrois, dont les récits ont enchanté mon enfance, ne parlait jamais des filles de l'Ile aux Moines sans qu'une sorte de béatitude extatique se répandît sur ses traits. Il n'avait fait relâche dans leur pays qu'une seule fois, il y avait de cela plus de trente ans, mais l'impression qu'elles lui avaient laissée demeurait dans sa mémoire de routier des côtes aussi vive, aussi fraîche, aussi enthousiaste qu'au premier jour. Il ne trouvait pas d'images assez brillantes pour les peindre.

— Figure-toi les princesses des contes, me disait-il, avec quelque chose de plus fier encore, une démarche plus souple et plus de beauté.

Tout n'était pas illusion et mirage dans ces effusions dithyrambiques du vieux caboteur. Les iloises ont vraiment un charme qui n'est qu'à elles. Qui ne les a point contemplées, ces patriciennes de la mer, ignore les exemplaires les plus parfaits de notre race. Elles ont je ne sais quelle élégance archaïque ; elles font songer aux « dames courtoises » tant célébrées dans les antiques lais bretons :

> Le corps gent et basse la hanche,
> Le col plus blanc que neige blanche...

On a le sentiment qu'elles appartiennent à une autre forme de civilisation, qu'elles sont les héritières d'un long passé, d'une mystérieuse floraison de poésie et de rêve. Elles sont venues au-devant de nous en leurs frais atours des dimanches, et c'est merveille de voir avec quel art tout naturel et tout spontané la grâce du costume se marie à la grâce de la personne. La coiffe de fine dentelle, aussi légère qu'une résille, encercle le front comme d'un diadème. Le buste se drape dans un châle étroit qui n'engonce point la taille, ainsi qu'en Trégor, mais plutôt la dégage en se modelant sur ses contours. La robe, de nuance claire, laisse, par l'ample évasement des manches, apercevoir jusqu'au coude la blancheur fuselée des bras. Car ces iliennes-ci sont d'une caste à part. Elles ne vivent point, comme leurs sœurs des autres îles, courbées sur le « sillon » patrimonial. Les besognes serviles ne sont point leur fait. Pour tout ce qui regarde le soin des cultures, elles s'en remettent à la race inférieure des « terriens », mercenaires agricoles, gagés sur le continent, lesquels émigrent à époques fixes, tantôt d'Aradon, tantôt de Rhuys, et sont à l'indolente Izéna ce que les Lucquois sont à la Corse. Je demande à la toute jeune femme d'un capitaine long-courrier :

— A quoi se passe votre temps, en l'absence de votre mari ?

— A l'attendre, m'est-il répondu.

Et il semble bien, en effet, qu'elles ne se conçoivent, pour la plupart, d'autre fonction que de veiller sur l'âtre désert, d'entretenir la Vesta domestique et de perpétuer intact le beau sang de leurs aïeux.

V

Notre cortège s'ébranle vers Lômiquel, le chef-lieu de l'île, aux sons aigrelets d'une cornemuse. La route traverse le pays le plus varié, le plus changeant, entre des pelages dorés de collines, mouchetés de vertes oasis. Partout des maisons d'autrefois, de vieilles gentilhommières à tourelles basses et à pignons pointus, fleuries jusque sur leurs toits d'ombilics, d'étoiles des grèves, de lichens, et dont les cheminées, soigneusement crépies à la chaux, resplendissent comme de blancs *amers*, dans le soleil. Des murs en pierres de taille entourent ces espèces de bastides bretonnes ; par le porche cintré, l'œil plonge dans une cour solitaire, un *patio* plein de silence et de fraîcheur, qu'ombragent des arbres bibliques, des figuiers et même des sycomores.

Comme je m'arrête pour lire une inscription commémorative sculptée dans le linteau d'une porte, une matrone en deuil me prie d'entrer.

— Vous ne pouvez moins faire, monsieur, par cette chaleur, que d'accepter un coup de vin de Sarzeau.

Elle m'introduit dans une pièce aux boiseries peintes, sorte de salon rustique et de musée des souvenirs. Les parois sont ornées de photographies au daguerréotype où achèvent de s'effacer des traits de marins disparus. Sur les étagères d'angle trône un monde, pieusement épousseté, de choses exotiques, coffrets de laque, éventails d'ivoire, figurines japonaises ou chinoises, petits bouddhas de jaspe vert, pareils à des rainettes accroupies et ventrues. Et c'est encore, de-ci de-là, une profusion de plantes et de bêtes marines, des « raisins des Tropiques » cueillis durant la traversée des Sargasses, des ailes de poissons volants, aussi transparentes qu'une lame de mica, des conques enfin, d'énormes conques, roses comme des chairs d'enfant, et restées bruissantes, dirait-on, de la rumeur des alizés, au large des mers australes. Les meubles eux-mêmes racontent des navigations lointaines, les odyssées des pères et des fils aux pays du palissandre, de l'ébène et du bois de santal...

Cependant que j'exprime à mon hôtesse le ravissement dont j'ai été transporté dès mes premiers pas dans l'île, elle hoche la tête doucement :

— Une « Ile fortunée », certes. Nulle autre n'a, plus qu'Izéna, mérité ce titre. Elle le justifiait encore il y a trente ans. C'était bien la « Perle du Golfe », comme la définissait un de nos meilleurs poètes de langue vannetaise, l'abbé Joubioux. Hélas! monsieur, la perle, depuis lors, a perdu ce qui faisait son éclat. Vous êtes émerveillé, dites-vous, de cet air d'aisance, de luxe même, que tout respire ici, les gens et les choses. Un temps fut, oui, cette prospérité fut réelle. Mais il ne nous en reste plus que l'ombre. Nous tâchons sans doute de sauvegarder les apparences. On a sa fierté. On ne se résigne point à déchoir. Un passant, un étranger peut s'y méprendre. Mais, au fond de plus d'une demeure riante, si vous saviez que de misères cachées !... Nous mourons d'un mal sans remède. Le règne de la vapeur nous a tués. Jadis, il n'était point, parmi nous, une famille qui n'eût à elle sa goélette, son brick ou son trois-mâts. Le pavillon de l'Ile aux Moines était connu sur toutes les côtes. La veille des départs en campagne, on rompait un pain bénit : les maris en emportaient une moitié, les femmes conservaient l'autre. C'était le pain du souvenir. Nous avions foi dans ce symbole. Il nous ramenait nos absents sains et saufs et, avec eux, la joie, le bien-être, la richesse. Aujourd'hui, tout cela n'est plus. Pour revoir la flotte d'Izéna, il nous faut maintenant fermer les yeux : elle ne déploie dorénavant ses voiles que dans nos rêves. Elle a été vendue à l'encan ou débitée comme bois à feu. Pour nos jeunes gens, ceux d'entre eux qui naviguent encore se vouent au service de l'État, de sorte qu'ils s'en vont pour jamais. Rarement ils nous reviennent. Ils se font leurs habitudes dans les ports où ils sont attachés, épousent des Brestoises, voire des Toulonnaises. Et, pendant ce temps, nos jeunes filles, condamnées à une vie sans amour, réduites à pleurer leur beauté inutile, fredonnent désespérément le long des grèves, ce refrain qui fit danser leurs aïeules :

<blockquote>
Goélands, Goélands,
Ramenez-nous nos amants !
</blockquote>

Quand l'Iloise se lève pour me reconduire, il me semble qu'en ses longs vêtements noirs, c'est tout le passé de sa race dont elle porte le deuil. Pour dissiper l'impression de mélancolie que m'ont produite ses paroles, ce n'est pas trop de la lumière et de l'allégresse du dehors.

Au pied d'un moulin à vent, crénelé comme un donjon, et qui remplit la lande du froissement sonore de ses toiles, un « farinier » couché dans l'herbe m'indique du doigt la direction suivie par mes compagnons. Je les rejoins à temps pour visiter avec eux l'enceinte celtique de Kergonan. En nulle autre région peut-être, pas même à Carnac, au tomber du crépuscule, je n'ai été touché davantage de la muette éloquence de ces vieilles pierres sacrées. Elles forment ici un cercle imposant, ont vraiment l'air, sur ce haut lieu, d'une assemblée d'idoles barbares, figées là dans un conciliabule éternel. Il ne m'étonne point qu'on les ait entendues, comme on le raconte, deviser entre elles, à la lune, d'événements plus anciens que les âges et se donner les unes aux autres des noms qu'il n'y a pas de mémoire humaine à pouvoir retenir. S'il prenait jamais fantaisie aux Bretons armoricains de restaurer chez eux les tournois bardiques, à l'exemple de leurs congénères de Galles, ils ne seraient pas, comme ceux-ci, dans la nécessité de créer une lice de menhirs artificiels : le cromlech de l'Ile aux Moines leur fournirait un incomparable, un authentique « champ de Gorsedd ».

Au moment où nous y pénétrons, la barbe

de lierre d'un des menhirs se soulève et nous découvre, accroupi sur le sol, un informe tronçon d'humanité dont on dirait plutôt, à première vue, quelque crapaud monstrueux, contemporain de l'érection du cromlech.

— Serait-ce le génie familier, le gnome gardien de ces pierres fées ? demandons-nous, non sans surprise.

On nous répond :

— C'est le tailleur Pico.

Déjeté, incomplet, avec des moignons en guise de jambes, il n'a conservé d'intacts que les bras et la tête. Mais elle est singulièrement expressive, cette tête où toute la vie, à l'étroit dans le corps, semble s'être réfugiée. Encadré de boucles grisonnantes, le visage est d'une beauté douloureuse et quasi tragique, avec laquelle contrastent la douceur, le velouté caressant des yeux, embrumés comme d'une flottante vapeur de songe. Je parlais tout à l'heure de tournois bardiques : Augustin Pico est le barde d'Izéna. Aède et rhapsode tout ensemble, il ne chante pas seulement ses inspirations personnelles, mais celles aussi des Homérides locaux qui l'ont précédé, au cours des siècles, et dont il se tient pour le légataire pieux, en même temps que le continuateur. Toute la somme poétique de l'île vit, emmagasinée dans sa mémoire. Par là, ce gnome est bien le gardien d'un trésor. Par là également s'explique l'espèce de vénération que les insulaires lui témoignent. Ce sans famille est de toutes les fêtes, de toutes les solennités familiales. Pas de baptême ni de noce où il ne soit invité. C'est lui qui s'avance en tête du cortège et qui rythme la marche en chantant, balancé entre ses deux piquets de bois ; lui encore qui, dans les veillées funéraires, improvise, au chevet du lit de parade, la mélopée d'usage en l'honneur du mort. Averti de notre venue, il s'est mis en frais pour nous et, d'une voix chaude, au timbre mordant, il entonne, en une sorte de psaume tantôt lent et tantôt fougueux, l'éloge de son île, « l'île des îles, pur joyau de la mer profonde, terre unique dont on ne saurait dire quel est son plus beau fleuron : la grâce fière de ses filles ou l'intrépidité de ses gars !... »

— Si nous l'emmenions ! propose quelqu'un de la bande.

Il est entendu qu'il nous accompagnera jusqu'à Vannes ; et, juché sur ses béquilles, la figure tout illuminée d'aise, il dévale à notre suite vers Lômiquel.

VI

Attablés dans une spacieuse cour d'auberge, parmi des bosquets de lauriers et d'hortensias géants, nous avons goûté au far national, apprêté à notre intention, tandis que, sur la place du bourg, les îloises, pour nous donner le spectacle d'une de leurs danses, déroulaient autour de la fontaine publique une farandole un peu traînante, mais d'un mouvement très noble, très chaste et presque religieux.

Déjà les façades blanches des maisons se teintent de mauve, aux approches du soir. Un strident coup de sifflet retentit. C'est le *Solacroup* qui nous jette le signal du départ, de l'arrachement. Quelques minutes à peine nous séparent de Port-Hério, où il est au mouillage. Pour allonger le trajet, nous nous attardons à cueillir des asphodèles, dont les douves du chemin sont tapissées. Les jeunes filles, les enfants nous en offrent des gerbes ou les sèment par poignées sous nos pas. Toute la population s'est rendue sur la cale, et, pour gagner le steamer, à l'extrémité du musoir, il nous faut fendre ses rangs pressés. Les coiffes claires, les châles et les tabliers aux mille couleurs forment comme un jardin de féerie sur la mer magnifique. Massés à l'arrière du *Solacroup* qui achève de virer de bord, nous saluons la foule et l'île entière d'un long adieu. Une clameur immense, des chapeaux qu'on lève, des mouchoirs, des ombrelles qu'on agite, nous répondent. Et c'est, en vérité, un instant inoubliable, auquel le déclin de ce beau jour d'été prête je ne sais quoi de plus solennel encore et de plus émouvant.

Nous sommes déjà sortis du dédale de l'archipel, qu'Izéna continue de nous apparaître au loin, comme dans une gloire, baignée par les dernières flammes du couchant d'une magique lumière d'apothéose ; et, quand, à son tour, elle s'est évaporée dans l'ombre violette du crépuscule, les chants du tailleur à mine de Korrigan sont là pour nous restituer son image, pendant que l'âme apaisée du Golfe s'exhale, dirait-on, vers les étoiles en un vague soupir éolien, infiniment voluptueux et doux.

V

EN HAUTE-BRETAGNE

AU
PAYS DE « DOUCE SOUVENANCE »

I

6 août 1898.

J'arrive à Saint-Malo. Un ciel orageux pèse sur la ville et sur la mer. Le temps menace : il est à craindre que la pluie, hôtesse désagréable qui semblait s'être éloignée de nos côtes pour tout l'été, ne fasse avant peu une réapparition inopportune. On n'en active pas moins les préparatifs des fêtes. Les rues sinueuses, étroites et sombres comme les corridors à ciel ouvert de quelque énorme bastille marine, s'ornent de guirlandes et se pavoisent de drapeaux. On célèbre demain le cinquantenaire de Chateaubriand.

Je m'achemine vers le Grand-Bé.

C'est l'heure de la marée basse. Sur le mince sentier pavé qui, à travers les sables humides, mène jusqu'à l'îlot, des files de pèlerins vont, comme moi, visiter le rocher funèbre, pendant qu'un peu de solitude l'entoure encore. Il dresse en avancée sa haute masse de granit que coiffe une toison d'herbes rousses, brûlées, calcinées par les vents âpres et les ardents soleils. Un raidillon permet de gravir le sommet que couronnent les ruines d'un ancien ouvrage fortifié. Une brèche dans ce rempart croulant donne accès sur une espèce de terrasse dont les rebords plongent à pic dans la grève, parmi la ceinture fauve des goémons. C'est ici le cimetière farouche qu'emplit à elle seule la tombe de Chateaubriand. Quelques fleurs pâles frissonnent dans un maigre gazon. Une croix de pierre, une dalle de granit, sans une date, sans un nom, c'est tout le monument. On vient de faire sa toilette, de gratter les lichens qui s'y étaient incrustés, de laver les taches de salpêtre déposées par l'embrun et de repeindre en noir la grille. Sur le talus qui borde l'enclos, des menuisiers finissent de clouer les planches d'une estrade en plein vent du haut de laquelle doit officier devant la foule celui peut-être de nos écrivains qui a le plus directement hérité de la grandiloquence du maître, — M. Melchior de Voguë.

Je regagne la ville aux dernières lueurs du couchant qui achèvent de s'éteindre dans le ciel nuageux. Le phare du Jardin érige sa clarté toute proche, et l'on dirait un long cierge funéraire chargé de veiller au chevet de la grande tombe, dans la nuit.

II

Dimanche, 7 août.

Mes mélancoliques prévisions d'hier se sont réalisées : il pleut et il n'y a guère d'apparence que le temps se remette. La mer, autour de la vieille cité grisâtre, a des teintes blafardes, d'un vert plombé.

Dans l'après-midi, cependant, — est-ce l'effet des incantations que viennent de psalmodier les poètes, autour de la statue, sur le square? — dans l'après-midi, le soleil réussit à percer le lourd suaire des nuages. Une embellie se fait : la pluie a cessé. Et c'est sous un ciel lumineux, d'un éclat adouci par les quelques vapeurs qui flottent encore de-ci de-là, dans l'espace, que le cortège se met en marche vers le Grand-Bé.

On escalade les vieilles rues tortueuses, entre

des façades refrognées d'antiques logis de corsaires, aux fenêtres sourcilleuses et menaçantes comme des sabords. Nous franchissons la porte Saint-Pierre, nous dévalons les degrés moussus, taillés à même dans le soubassement des remparts, et nous voici sur la grève, la grève toute blonde, où miroitent en des creux de roches, avec des transparences de fontaines, des flaques d'eau salée.

Le coup d'œil est vraiment solennel, de cette immense procession triomphale serpentant à travers les sables, de cette espèce de panathénée bretonne montant à l'acropole des plages malouines pour y déposer des vers, des discours et des fleurs, sur la sépulture de l'homme qui, le premier, sut ouvrir à son siècle les prestigieux horizons du rêve et faire jaillir du sol desséché de la littérature française d'incomparables sources de beauté.

Chaque fidèle, chaque dévot de cette magnifique mémoire l'exalte à sa manière, chemin faisant. A côté de moi, un vieillard, qui eut l'honneur de porter en terre « Monsieur de Chateaubriand », évoque le souvenir de ces grandioses funérailles, la marche du corbillard autour de la ville, le long d'une voie funèbre creusée tout exprès dans le roc brut, et l'émotion unanime qui s'empara de l'assistance lorsque, sur le fond granitique de la tombe, on entendit résonner, avec un grondement de tonnerre, le bois du cercueil. Comme à cette date du 18 juillet 1848, le sauvage îlot disparaît, submergé sous une houle humaine. Mais, sur toutes les têtes, le recueillement plane, infini. Un orchestre joue en sourdine l'air, à la fois frémissant et triste, de « *Combien j'ai douce souvenance...* » Suspendue à l'horizon, la mer elle-même s'est tue. La parole des orateurs ondule et se disperse dans le vent qui fraîchit. Là-bas, à la hauteur du Cap Fréhel, des nuées aux voilures de pourpre et de safran appareillent, ainsi que de somptueuses galères, dans une gloire d'or.

Puis, c'est le soir, un large soir mauve, que balaient des flammes. Tandis que la foule se retire, la mer s'avance sur les talons des retardataires, efface leurs dernières empreintes, couvre leurs voix de sa rumeur, et reprend avec le mort, dont nous venons de troubler un instant le somme, son colloque éternel.

Je la regarde ceindre l'îlot, l'embrasser, lentement, pieusement, de son étreinte fluide, de sa souple et harmonieuse caresse. Elle baigne les goémons, les soulève, balance sur ses moires glauques leurs beaux tons jaunissants. Et je m'éloigne en murmurant, à part moi, la phrase lapidaire de Flaubert, écrite en ces lieux même : « Les varechs dégouttelants s'épandaient comme des chevelures de pleureuses antiques le long d'un grand tombeau ».

III

Lundi 8 août.

Nous sommes en route pour Combourg.

Après avoir vénéré Chateaubriand dans la sépulture insulaire où il dort sous la garde des flots, nous allons nous enfoncer dans la campagne terrienne qui couva ses premières ardeurs et vit éclore ses premiers rêves. C'est un autre pèlerinage, moins pompeux sans doute, mais d'un charme plus intime, en revanche, et plus pénétrant. Ici, plus de cortège, plus de fanfares, plus d'apprêt officiel ni de périodes savamment élucubrées. Les choses parleront seules aux âmes qui sauront les entendre.

Il y a, en Basse-Bretagne, des pardons d'une espèce particulière, auxquels il est de tradition que l'on se rende par petites troupes et dont la vertu n'a d'efficace que si l'on s'abstient de toute conversation durant le trajet. On les appelle, pour cette raison, les « pardons du silence ». C'est un peu une cérémonie de ce genre que nous avons entrepris de célébrer. Au départ, nous étions tout au plus une quarantaine de fervents, et le chef de gare de Saint-Malo n'a pas eu à faire atteler de wagons supplémentaires.

Il est vrai que nombre de volontés tièdes ont dû reculer devant le temps qui s'est assombri derechef et, cette fois, sans espoir d'éclaircie. Il pleut, en effet, il pleut même à verse, par grandes ondées cinglantes que secoue en rafales d'eau le souffle tempétueux du vent d'ouest.

Aucune des commémorations vouées à la gloire de ce cœur orageux que fut René ne s'accomplira, paraît-il, sans orages. On me racontait tantôt que, le jour des obsèques, le ciel, jusqu'alors serein, se voila peu à peu d'un fantastique crêpe d'ombre; et, lorsque les porteurs furent pour descendre la bière dans la fosse, la pluie, la grêle fondirent soudain, avec une telle violence que, parmi les assistants, beaucoup frissonnèrent d'une angoisse secrète, d'une sorte d'émoi superstitieux... Résignons-nous donc à l'inclémence du temps. D'ailleurs, la fraîcheur vivifiante de la pluie a ranimé les teintes un peu fanées des paysages que nous traversons, lavé les feuillages des arbres, jeté comme un renouveau sur les prairies. Et puis, elle ne laisse pas d'être très « couleur locale », cette atmosphère mouillée, cette poussière de bruine éparse dans l'air. Un peu de vague et de tristesse ne messied point au seuil de la patrie de Chateaubriand, — de Chateaubriand que M. Brunetière saluait, dans sa conférence d'hier soir, comme le « père de la mélancolie moderne ». Il n'est que de savoir goûter la poésie de ce ciel en larmes et jusqu'au mystère de ces grisailles fuligineuses, flottantes sur les lointains.

Avec une lumière plus vive, peut-être risquerions-nous fort de découvrir à la nature qui défile devant nos yeux un caractère beaucoup moins breton que normand. Car, à supposer que ce soit de la Bretagne encore, c'est, en tout cas, une autre Bretagne. Vainement chercherait-on dans ces plaines opulentes, chargées de bois et lourdes d'épis, quelque trait de parenté proche avec la nudité sévère des landes morbihannaises ou la pure et délicate sobriété de lignes des horizons trégorrois. J'ai beau me défendre contre une obscure impression de dépaysement : elle me ressaisit, plus tenace, au moment où nous débarquons à Combourg.

Il se trouve que c'est foire dans la petite ville.

Et des hommes en blouse, marchands de bœufs ou marchands de porcs, nous dévisagent avec des mines sournoises et goguenardes, en se demandant à mi-voix, dans leur patois de rustres :

— Qu'est-ce que ces gens-ci peuvent bien venir acheter ?

Des pataches nous emportent au menu trot vers la bourgade qui étale, en un cirque de coteaux mollement inclinés, sa laideur cossue et vulgaire de gros chef-lieu de canton. Cela manque un peu de crasse héroïque. Correctes et banales sont les rues, neuves les maisons, neuve l'église, neuve aussi la dalle funéraire, richement armoriée, du très noble et très illustre inconnu avec qui s'est naguère éteint, à Combourg, le dernier descendant mâle de la branche aînée des Chateaubriand.

Si l'autre, — celui qui n'était pas de la branche aînée et qui fut, à lui seul, toute sa race, — si François-René revenait au monde, il passerait, j'en suis certain, à travers le Combourg d'aujourd'hui, sans y rien retrouver de l'antique hameau féodal cher à son enfance.

Mais, reconnaîtrait-il davantage le toit sous

lequel il savoura les premières ivresses de la solitude et qu'il peupla des premiers fantômes de son génie ?

IV

Dès l'entrée du parc, à voir ces allées aux courbes savantes et ces vastes pelouses géométriques, soigneusement tondues, on a tôt fait de se rendre compte que les lieux ont changé, comme les âmes, et qu'il serait superflu de chercher ici le décor de nature sauvage dont les *Mémoires* nous ont retracé tant de merveilleux tableaux. Tout s'est humanisé, depuis lors, et même anglicisé. Où est l' « avenue de charmilles » dont les cimes s'entrelaçaient en voûte ? Où l' « obscurité du bois » et « l'avant-cour plantée de noyers » ? De la cour Verte il ne subsiste plus une touffe de gazon. Seul, le bouquet de marronniers qui se dressait à droite, auprès des écuries, épand encore sur nos fronts ses séculaires ombrages.

Nous sommes au pied du château.

Lui, du moins, n'a pas bougé. Tel on se le représente d'après les récits de son grand hôte d'autrefois, tel il nous apparaît. Le voilà bien, avec sa forme de char à « quatre roues », avec ses quatre tours inégales, liées par des machicoulis, et leurs toitures en pointe posées sur les créneaux « comme un bonnet sur une couronne gothique ». Le violier jaune n'y croît plus dans les interstices des pierres, mais la « triste et sévère façade » n'a point désarmé. Ce sont les mêmes murs nus, tragiques et hautains. Pour tout enjolivement extérieur, on s'est contenté de remplacer l'ancien perron, « raide et droit, sans garde-fou », par un majestueux escalier muni de rampes où notre caravane fait halte quelques instants pour écouter la lecture à haute voix, par l'un d'entre nous, du chapitre des *Mémoires d'Outre-Tombe* relatif à Combourg.

Chacun prête l'oreille, chapeau bas. Il semble que ce soit Chateaubriand lui-même qui nous souhaite une bienvenue posthume, sur le seuil de sa demeure d'antan.

Après cette oraison liminaire, cette sorte *d'introïbo*, nous pénétrons dans le vestibule.

Quel est le touriste qui, ayant visité le château de Combourg, s'est privé d'en dépeindre l'intérieur actuel? Et, d'autre part, qui ne se souvient des pages si attachantes que M. Gaston Deschamps lui a consacrées? Dieu me garde de vouloir reprendre une description si souvent tentée et, une fois au moins, si bien faite ! Je ne m'en sentirais, au reste, nulle envie. Le spectacle est tellement différent de celui que notre imagination se plaisait à concevoir !

Ce qui frappe, en effet, dès l'abord, c'est l'éclat somptueux de toutes ces pièces, d'un contraste si absolu avec les dehors austères de l'édifice. Et cette somptuosité même ne laisse pas de déconcerter. On arrive tout rempli des mélancoliques fantômes du passé et, brusquement, au milieu de tous ces ors, de toutes ces enluminures, de toute cette « restauration » moderne, ils s'effarent et s'évanouissent. Quel rapport entre cette résidence princière et celle dont il fut écrit : « Partout silence, obscurité et visage de pierre, voilà le château de Combourg » ? Comment retrouver dans cette enfilade de salons clairs, lumineux, chatoyants, la « grand' salle » d'autrefois, la mystérieuse salle gris-blanc, où Lucile et René, blottis près de leur mère, suivaient d'un regard d'épouvante, dans les ténèbres, la promenade taciturne de fauve en cage du comte de Chateaubriand ?...

On éprouve la même impression d'agacement pénible que si l'on errait dans un temple désaffecté. J'eusse préféré le sinistre délabrement que nous a décrit Flaubert, les plafonds crevés, les murs suintants, les fientes d'oiseaux accumulées dans les coins, et l'intendant d'alors crachant à terre, sans vergogne, tandis que son chien furetait les souris entre les panneaux vermoulus des meubles.

C'est avec un véritable sentiment d'aise que je m'évade, par les escaliers tournants, vers les combles. L'équipe des tapissiers et des doreurs n'est pas montée jusqu'à ces étages. L'esprit des ruines a ici où se réfugier, parmi les plâtras et les nids de corneilles; et, le long des couloirs en soupente, percés d'étroites meurtrières sans vitres, quelque chose se respire encore de l'antique présence du dieu.

A l'extrémité d'un de ces couloirs, dans un des donjons d'angle, M. de Durfort, notre obligeant cicerone, pousse une porte et dit :

— Sa chambre.

V

Sa chambre !... Non pas — nous avertit-on — celle qui fut la confidente des nuits de son adolescence et de leurs insomnies douloureusement passionnées. Celle-là, on a dû la murer, à cause des vents qui y faisaient rage, à cause aussi, peut-être, des ombres tumultueuses et plaintives qu'il créa de sa propre substance et qui ne se consolent point de l'avoir perdu... La mansarde où nous sommes introduits n'a connu que le Chateaubriand des dernières années, le vieillard morne, soûl de gloire et rassasié d'honneurs. Et, à vrai dire, il n'y a même séjourné que quelques heures durant les rares et brefs retours que, sur la fin de sa vie, il accepta de faire au manoir de ses ancêtres. Mais c'est assez qu'il l'ait occupée de temps à autre, pour qu'elle nous communique une tristesse religieuse et comme un frisson sacré.

Elle est, d'ailleurs, touchante, en sa simplicité fruste, en son humilité quasi monacale. Ce génie démesurément orgueilleux, et d'une personnalité si excessive, aimait autour de lui ce luxe de pauvreté, sans doute par un nouveau raffinement d'orgueil. L'étroite, l'ascétique couchette de fer adossée à l'une des parois est le lit même où il mourut. Ces rideaux de grossière percale, fermés depuis le soir de son agonie, ont mystérieusement frémi de son souffle suprême. Une majesté singulière est sur eux. On se demande si l'auguste visage olympien ne va pas, soudain, se montrer entre leurs plis. Un dessin de Mazerolle, appendu au chevet de la couchette, a la prétention de le représenter tel qu'il était quand il expira. Mais l'œuvre est médiocre : elle manque à la fois d'émotion et de sincérité. Un crayon que possède un amateur nantais, M. Maignien, me paraît autrement véridique : la face est figée, momifiée presque ; les lèvres, d'où l'âme vient de s'exhaler, sont demeurées entr'ouvertes ; l'expression de la physionomie conserve un je ne sais quoi d'impérieux et d'amer jusque dans le trépas.

Achevons cependant l'inventaire de la cellule. Une table à vitrine en dépare la religieuse ordonnance, a le tort de faire penser à quelque exhibition de musée. On a réuni là les objets les plus divers : le crucifix que Chateaubriand pressa de ses mains défaillantes, et avec lequel il se promettait de « descendre hardiment dans l'éternité », s'y voit, étendu sur un coussin, à côté d'un manuscrit du *Congrès de Vérone*, dédié à la comtesse-douairière de Combourg... Par ailleurs, dans la pièce, plus rien qu'une armoire massive à grosses moulures et — détail que je m'en voudrais de laisser échapper — un coffre, un de ces lourds coffres paysans, à couvercle plat, comme il ne s'en rencontre plus guère que dans nos fermes de Basse-Bretagne, où ils servent tout ensemble de banc pour s'asseoir et de bahut pour serrer les vieux haillons. A la suite de quelles aventures, ce meuble, aussi barbare que ceux qui durent orner la hutte de Ségenax, père de Velléda, passa-t-il en la propriété de l'auteur des *Martyrs?*

Un de nos compagnons de pèlerinage incline à croire que c'est le même qui fut, dit-il, offert à Chateaubriand, par un gentilhomme vannetais, comme une relique des guerres chouannes. Un redoutable chef de bande, traqué par les Bleus, s'était caché au fond de ce coffre, à peine assez grand pour le contenir, et, pendant que l'ennemi s'obstinait à perquisitionner dans la maison, avait préféré se laisser mourir d'asphyxie, plutôt que de compromettre ses hôtes en se livrant... C'est une note funèbre de plus dans ce mélancolique asile de choses défuntes, semblable à ces sépultures des anciens âges où quelques vases de terre et quelques anneaux de métal sont tout ce qui reste d'Achille ou d'Agamemnon.

VI

Je me suis attardé longtemps sur le chemin de ronde qui suit le couronnement du château.

La pluie avait fait trêve. Les nuages couraient, chassés par un vent plus fort, un de ces fougueux vents d'Ouest dont l'adolescent de Combourg dit qu'ils servirent de « jouets à ses caprices et d'ailes à ses songes ». Çà et là, dans le gris mouvant de ce ciel en marche, des trouées d'azur pâle s'ouvraient, que les approches du soir teintaient de fine émeraude. Tantôt par la lucarne d'une tour de guet, tantôt par l'embrasure d'un créneau, j'ai promené mes regards sur tout l'horizon. La vue est d'une ampleur superbe, et plus mouvementée que je ne me l'étais figuré tout d'abord. Au moins dans son ensemble, c'est bien celle, à n'en point douter, que les yeux de Chateaubriand contemplèrent. On le sent, à l'impétuosité vertigineuse avec laquelle s'évoquent soudain les souvenirs, à la vie surtout dont ils s'animent spontanément au contact des images réelles. La confrontation, cette fois, ne cause plus aucun mélange irritant d'incertitude et de trouble.

Il faut une mise au point, évidemment. La patrie des Rhedons s'est quelque peu transformée depuis Eudore : les landes incultes ont cédé la place aux moissons et les petites rivières des vallées font tourner des roues de moulins, avant de porter à la mer leurs eaux inconnues. Déjà, du temps de Chateaubriand, la vieille forêt domaniale avait disparu, débitée lambeau par lambeau. Mais les restes en sont encore des plus imposants et, de toute la contrée, s'exhale la même odeur sylvestre, le même parfum de verdure et d'eau qui se respire aux premiers chapitres des *Mémoires d'Outre-Tombe.* Sauf de légères retouches, cette terre a gardé son visage d'autrefois et ses traits, en quelque sorte, consacrés. Un peuple de visions familières se lève à votre appel de tous les confins de l'espace. Elles vous font des signes, elles se nomment. Ces ondulations fuyantes, là-bas, vers le sud, ce sont les hauteurs de Bécherel. Au-dessous, sur les pentes feuillues du vaste « amphithéâtre d'arbres », où, près des campaniles des villages, commence à pointer, çà et là, le tuyau d'une cheminée d'usine, voici moutonner d'un vert plus sombre les toisons vénérables des bois du Bourgouët et de Tanoërn. Il n'est pas jusqu'à Combourg qui ne se révèle, semble-t-il, sous un tout autre aspect qu'à l'arrivée. Écrasé dans le bas-fond, au pied de l'énorme masse féodale, il s'est rapetissé, tassé, a pris un air suranné et comme vétuste, l'air qu'il avait aux jours où M. le Chevalier s'engageait dans son « abominable rue » pour se rendre à la messe de paroisse, en compagnie de sa mère et de sa sœur Lucile. La rameur foraine elle-même, ces mugissements de veaux et ces grognements de cochons que le vent apporte de la vallée, aident à l'illusion, loin de la détruire. Ainsi grouillait le Combourg d'il y a cent ans, lorsque septembre ramenait la solennité de l'*Angevine*, la seule occasion où s'épanouit en ce triste canton « quelque chose qui ressemblait à de la joie ».

Mais la grande face évocatrice du paysage, on le devine, c'est l'étang. Là palpitent vraiment, comme en un miroir magique, toutes les ombres mystérieuses du passé.

J'ai côtoyé ses rives, au crépuscule. Le sentier longe les talus du parc dont les ramures mouillées m'aspergeaient de leurs gouttelettes. A cause de la sécheresse du mois précédent, les eaux étaient basses. Une mince frange d'argent ourlait leur nappe frissonnante. Je me suis assis sur un vieux tronc de saule qui surplombait la grève, pareil à quelque monstrueuse gargouille végétale. Non loin, pourrissait dans les joncs un bachot à demi envasé. L'heure et le lieu étaient d'une gravité singulièrement suggestive. Un pressentiment d'automne assombrissait le ciel venteux, et des futaies environnantes sortaient des voix confuses et profondes, les mêmes qui éveillèrent le génie de Chateaubriand et le firent entrer « en pleine possession des harmonies de sa nature ». Les roseaux bruissaient, comme alors, « agitant leurs champs de quenouilles et de glaives ». Et c'était une plainte longue, étrange, à peine modulée, avec des accalmies soudaines, des silences dramatiques et presque angoissants.

Peu à peu le lac s'est voilé comme un regard qui s'éteint ; puis, la procession des vapeurs nocturnes a surgi ; et, tandis que glissaient leurs formes furtives sur le tapis ondoyant des plantes rivulaires et des nénuphars, j'ai cru voir défiler, comme aux bords d'un Léthé antique, Amélie, Atala, Blanca, Cymodocée, toutes les créatures de rêve, nées de cette solitude, tous les divins fantômes d'amour que nous avons adorés.

VI

EN BRETAGNE D'OUTRE-MER

PÈLERINAGE CELTIQUE

De tous les peuples celtiques, celui qui a su se tailler au soleil la place la plus large et le mieux s'adapter aux conditions de la civilisation moderne, sans rien abdiquer des caractères originaux de la race, c'est assurément le peuple gallois. Loyalement associé aux destinées du Royaume-Uni et l'un des agents peut-être les plus énergiques de la prospérité anglaise, il n'en est pas, pour cela, demeuré moins fidèle à tout ce qui lui a paru digne d'être retenu des poétiques institutions de son passé. C'est ainsi que les principales villes du pays deviennent, à tour de rôle, chaque été, le théâtre d'une manifestation solennelle qui est comme la résurrection symbolique, en un décor approprié, des grandes panégyries, semi-religieuses, semi-littéraires, des anciens âges. Cette fête, connue sous le nom d'*Eisteddfod*, les Gallois la qualifient à juste titre de « nationale ». De tous les points de l'antique Cambrie, les populations s'y rendent par foules enthousiastes, heureuses d'affirmer périodiquement, contre toute tentative d'empiètement du dehors, l'unité de la conscience collective. C'est vraiment la communion d'un peuple au banquet de l'esprit traditionnel.

L'*Eisteddfod* de cette année 1900 s'est déroulée à Cardiff, la capitale du South-Wales, dans la semaine du 18 au 24 juillet. Si elle n'avait présenté, comme ses devancières, qu'un intérêt purement gallois, quelque attrayant, d'ailleurs, que soit le spectacle, nous n'aurions pas cru devoir en entretenir le public français. Mais, comme pour protester peut-être au nom du doux idéal celtique contre l'exclusivisme de certaines théories, aujourd'hui en cours, qui travaillent à reconstruire je ne sais quelle muraille de Chine entre les peuples, les Kymris ont pensé que le moment était venu d'ouvrir leur cercle, leur *Gorsedd*, et de convier à y prendre place non seulement leurs congénères et compatriotes d'Écosse, de l'Ile de Man et d'Irlande, mais les Bretons de France eux-mêmes, séparés d'eux depuis quelque treize cents ans.

Je ne voudrais pas attribuer à l'événement plus d'importance qu'il ne mérite. Quelques gazettes ont imaginé d'y voir l'indice d'une sorte de pacte subversif. Il ne se serait agi de rien moins que de la reconstitution de je ne sais quelle nationalité mythique, sous l'égide de quelque nouvel Arthur. J'avoue humblement, quant à moi, qu'en acceptant l'aimable invitation de sir Thomas Morel, mayor de Cardiff, je ne me suis pas un seul instant avisé que ce pût être pour collaborer à d'aussi magnifiques desseins... Non: ce sont là rêves d'un autre temps, et les Gallois, pas plus que les Bretons, j'en suis sûr, ne sont gens à donner dans ces chimères.

Le vrai, c'est qu'ils se sont simplement souvenus des liens d'étroite parenté qui jadis unirent nos ancêtres aux leurs; et ils nous ont offert de resserrer les nœuds d'une tradition pour ainsi dire familiale, que les siècles avaient relâchée, sans la rompre. Cela n'est certes pas pour changer la face de la terre. Mais, tout de même, n'y aurait-il pas dans ce renouveau de l'ancienne fraternité celtique un phénomène assez mémorable pour valoir d'être signalé?

I

C'est le samedi soir, 16 juillet. Saint-Malo hausse dans le crépuscule son archaïque décor de ville féodale. Nous sommes dix ou douze Bretons de Bretagne épars sur le pont du *Southwestern*. Le reste de la délégation, venant de Paris, doit nous joindre en terre anglaise, par la voie du Havre. Le sifflet du départ a henni dans le calme nocturne. Presque aussitôt, l'îlot du Grand-Bé dessine au tournant du môle sa croupe noire de monstre échoué. J'avais rêvé d'y aller cueillir une des fleurettes de mer qui foisonnent au pied de la tombe de René, pour en faire hommage, là-bas, à Merlin, qui fut son ancêtre poétique et dont il fit revivre parmi nous les prestiges et les enchantements. Je n'en ai pas eu le loisir. Je me contente donc de saluer au passage le morne où il repose. La nuit est complètement descendue. C'est à peine si aux confins du ciel occidental flotte une dernière bande de clarté, d'un vert d'émeraude pâlie. Seule, la mer semble avoir gardé du jour dans ses profondeurs. Elle est d'une douceur charmante et d'une paix infinie.

Accoudé au bastingage, je songe à des nuits d'autrefois, des nuits vieilles de treize cents ans. Sur ces mêmes flots voguaient, à la faveur des ténèbres, des barques barbares, des *currachs* aux frustes membrures de chêne tendues de peaux de bœufs. C'était la flottille de l'exode breton, fuyant devant la tempête saxonne, emportant vers les rives armoricaines les émigrés de la Grande Ile. La phrase si suggestive de l'historien Gildas me revient en mémoire : « Ils se rendaient au pays d'outre-mer avec de plaintifs gémissements, et, sous leurs voiles gonflées, en place du chant céleusmatique, ils murmuraient le psaume : *Seigneur votre droite nous a dispersés parmi les nations* ». Les eaux qu'ils sillonnèrent, voici que nous les franchissons à rebours, nous, leurs lointains descendants. Dans le recueillement de l'espace, ma pensée remonte vers l'ancêtre primitif de mon clan ; je me le représente, courbé, tel qu'il dut être, au banc des plus humbles rameurs. Et je sens tressaillir en moi la chaîne invisible, la mystérieuse chaîne d'âme qui nous relie l'un à l'autre, par delà les temps. En quel lieu de la Cornouaille transmarine, en quel repli sinueux de la montagne kymrique eut-il son berceau ?...

J'ai dormi, l'oreille contre le hublot ; les

voix des sirènes celtiques qui hantèrent jadis ces parages m'ont chuchoté des songes merveilleux. Lorsque je regagne la passerelle, je me demande si je ne rêve pas encore. Nous voguons dans une atmosphère irréelle ; le ciel matinal ondule en mousselines blanchâtres, moirées d'indéfinissables nuances. La terre, paraît-il, est toute proche, mais refuse de se laisser entrevoir. Des éclairs argentés tournoient, qui sont peut-être des goélands. Le steamer lui-même a des allures de mystère dans le vaste silence enchanté. Cela vous remet en l'esprit les fabuleuses navigations des Pérédur et des Brandan. Et, pour ajouter à l'illusion, soudainement une cloche tinte, une sorte de gong de la mer aux longues vibrations mélodieuses, au timbre magique et surnaturel. Quelle Is resplendissante va tout à l'heure surgir des eaux ?...

— C'est le phare des Aiguilles, me dit le pilote. Nous entrons dans le chenal de Wigh.

Le charme est rompu : la brume se dissipe et le rêve s'envole... En attendant la « paix celtique », annuellement proclamée à l'*Eisteddfod*, ce sont des visions de guerre qui défilent devant nos yeux ; des gueules de canon bâillent aux embrasures des forts ; des torpilleurs s'échelonnent le long de l'île blonde, pareils à d'immenses alligators au repos... Southampton maintenant — et toute la tristesse lourde, accablante, d'un dimanche britannique, compliquée de l'horreur banale d'une cité industrielle. J'aspire vers l'Ouest, vers la fraîcheur galloise que je savoure, par avance, comme l'haleine d'une autre patrie.

II

Nous avons pris le premier train du lundi. Il nous entraîne à travers de molles campagnes, sous un air embrasé. La chaleur est si intense que le paysage, exténué, semble s'y dissoudre. Heureusement que l'horaire nous a ménagé une halte dans la délicieuse oasis de Salisbury. En sa rivière limpide s'éploient et frissonnent des chevelures d'herbes qui nous rappellent nos fontaines sacrées. Et quels moments exquis passés à la cathédrale, — dans la nef d'abord, toute peuplée de tombes historiques, tout imprégnée de l'arome des siècles défunts, — puis dans le square qui l'entoure et, selon l'expression de Bourgault-Ducoudray, qui est des nôtres, lui fait comme une zone de beauté ! Des ormes quasi contemporains de l'édifice prolongent sur le vert moelleux des pelouses leurs grandioses gestes d'ombre. Et c'est un asile incomparable de solitude, de méditation, d'apaisement.

Mais de nouveau nous sommes en route ; de nouveau les horizons se succèdent, spacieux et riches, embués d'une vapeur d'or. Les cottages flambent dans le soleil. Façades blanches et toits de tuiles rouges. D'aucuns portent, comme par coquetterie, une coiffure de chaume qui contraste avec leur aspect cossu. Des fleuves s'attardent, flegmatiques, parmi des pâtis luxuriants. Les collines ont des formes nobles sous des couronnes de bois touffus, aux verdures qu'on dirait peignées. Cette nature est trop somptueuse, trop humanisée aussi, pour nos goûts de Bretons. Elle va jusqu'à se prêter à la réclame et souffre qu'on sculpte dans le vif de son calcaire de gigantesques images de chevaux, visibles à des lieues, pour servir d'enseigne à des éleveurs... Que tout cela nous met loin de la maigre et fine Bretagne, dont le charme est surtout fait de discrétion et de sobriété ! Retrouverons-nous vraiment, comme on l'affirme, quelque chose de son *soave austero* sur l'autre rive de la Severn ?

« Lorsqu'en voyageant dans la presqu'île armoricaine, écrit Renan, on dépasse la région, plus rapprochée du continent, où se prolonge la physionomie gaie, mais commune, de la Normandie et du Maine, et qu'on entre dans la véritable Bretagne, dans celle qui mérite ce nom par la langue et la race, le plus brusque changement se fait sentir tout à coup... Le même contraste frappe, dit-on, quand on passe de l'Angleterre au pays de Galles ». Voici, en effet, qu'au sortir du pont tubulaire, comme par la vertu de quelque opération de sorcellerie que la nuit du tunnel nous aurait dérobée, nos yeux s'ouvrent sur une contrée toute différente de celle que nous avons laissée derrière nous : une contrée non pas moins riante peut-être, mais moins grassement, moins uniformément riante, et où, par endroits, les choses nous apparaissent comme avec des visages familiers. Je les ai déjà traversés, me semble-t-il, ces prés de gazon pâle ; je reconnais ces arbres nains, aux troncs noueux, aux ramures toujours échevelées dans la même direction par les vents d'Ouest ; je le reconnais, le mur mal crépi de cette ferme, je la reconnais, la mare d'eau stagnante qui verdit au pied de ce talus ; et ces esquilles de granit rouge qui, de-ci de-là, percent la maigreur de la terre, que d'âpres sites, chers à mes flâneries, ne m'ont-elles point rappelés !... Il y a bien, il est vrai, dans un ennuagement de fumées — j'allais dire de frondaisons — noirâtres, une forêt de cheminées d'usines qui contrarient quelque peu l'harmonie de la perspective au fond des lointains. Mais, pour Celte que l'on soit, on sait faire sa part à la réalité. Et puis, ces cheminées d'usines, en somme, c'est Cardiff.

III

Nous ne sommes pas plus tôt en gare qu'un cri retentit :

— Par ici, les Bretons !

C'est la voix du professeur Barbier, un Franc-Comtois au parler sonore, attaché depuis longues années à l'Université galloise dont le collège de Cardiff est un des trois centres. Je veux dire tout de suite combien nous avons d'obligations à cet excellent homme. Il n'a pas été seulement un précieux interprète pour ceux d'entre nous qui possédaient insuffisamment soit l'anglais, soit le kymrique : il nous a servi à tous de guide, ou mieux, de tuteur moral. Sa maison nous fut, toute une semaine, une sorte de foyer toujours ouvert, où nous réunir, nous renseigner, concerter nos multiples démarches et, de temps à autre, par manière de détente, reprendre comme un air de France. En un mot, ce doux Burgonde, d'âme si chaude et de cœur si vibrant, aura plus contribué que bien des Celtes à l'œuvre de la fraternisation celtique.

On se rappelle, dans Labiche, la rencontre des deux anciens Labadens.

— C'est étonnant comme on a peu de choses à se dire, quand il y a vingt ans qu'on ne s'est vu !

Les Gallois et les Bretons, eux, ne s'étaient guère rencontrés depuis des siècles. Les préliminaires de leur reconnaissance eussent risqué fort de traîner en longueur si le professeur Barbier n'avait été là pour les pousser joyeusement dans les bras les uns des autres.

L'instant d'après, nous dévalions, bannière de Bretagne en tête, vers le Barry's Hôtel où l'alderman Jones, délégué par le maire de Cardiff pour être son porte-parole à un truculent déjeuner de bienvenue, associait et faisait acclamer, dans un toast plein d'élévation et d'humour, les noms de S. M. la reine d'Angleterre et du Président Loubet. En suite de quoi, procédant à ses fonctions de nomenclateur, le Hérald-Bard, le barde héraut, Arlynedd Penygarn, indiquait à chacun de nous les hôtes bénévoles qui s'étaient spontanément offerts à nous recevoir. Ma bonne étoile fit que je n'eus point à me séparer de mon éminent ami Bourgault-Ducoudray : je ne lui sais pas un gré moindre de nous avoir logés de compagnie sous le toit de M. Samuel. Car c'est pourtant à cet intérieur israélite que nous devons d'avoir goûté dans ce qu'elles ont de plus cordial, de plus intime, de plus pénétrant, toutes les douceurs et toutes les prévenances de l'hospitalité galloise. J'aurai toujours présentes à l'esprit les attentions, exquisement discrètes et délicates, dont nous y fûmes l'objet ; et elle n'est pas près, non plus, de s'éteindre dans mes yeux, l'admirable vue du parc de Bute, dont la mer de feuillages montait jusqu'à ma fenêtre et me versait chaque soir, après la fatigue des cérémonies officielles, sous les averses de feu d'un ciel torride, le philtre, délicieux à humer, de ses ténèbres végétales, de son silence et de sa fraîcheur.

IV

Il ne saurait entrer dans mon dessein de décrire par le menu les imposantes manifestations de tout genre auxquelles il nous fut donné de participer. S'il faut en croire les Kymris eux-mêmes, jamais l'*Eisteddfod* n'avait revêtu un caractère aussi grandiose, ni ne s'était déployée avec autant d'éclat.

Dès le soir de notre arrivée, une réception avait lieu au Town-Hall, offerte par la municipalité de Cardiff, sous la présidence de sir Thomas Morel, et comprenant plus de quatre mille invités. Les délégations des divers pays celtiques y défilèrent à tour de rôle, les Bretons marchant les premiers, précédés du biniou national. Seuls, les Écossais manquaient. Ils ne parurent qu'assez tardivement ; mais quelle entrée ! C'est peut-être une des émotions les plus nobles que j'aie jamais ressenties.

J'étais monté, pour respirer, sur le toit en terrasse de l'hôtel de ville, d'où l'on domine dans toute son étendue, avec ses usines, ses chantiers et ses docks, la formidable cité du charbon. La nuit, merveilleusement étoilée, s'embrasait à l'horizon du flamboiement des hauts fourneaux. Par les vasistas ouverts d'une espèce de kiosque central, servant à ventiler les profondeurs du hall, des bouffées de musiques, des échos de chœurs montaient. Soudain, parmi les groupes qui stationnent de-ci de-là ou se pressent devant les buffets en plein air, il se fait un long remuement, et je vois s'avancer des hommes aux statures superbes, de grands vieillards, majestueux et graves, qu'on dirait échappés tout vifs des poèmes d'Ossian. Ils portent le béret des Highlands, le plaid, retenu à l'épaule par une agrafe de pierres précieuses, la jupe ou tartan, bariolée aux couleurs du clan, et, pendue à la ceinture, la pochette de cuir, le *sparren*, que garnissent des poils de chèvre. On se croirait à la cour de Fingal.

Mais voici le plus saisissant. Derrière ces patriarches viennent de déboucher six *bag-pipers*, aussi archaïquement accoutrés, qui, sur un signe, se rangent, puis s'ébranlent. Alors retentit un pas de marche à la fois mélancolique et martial, empreint tout ensemble de sauvagerie et de mysticité. Cela s'enfle, s'élargit, s'exaspère, puis frémit en modulations vagues, comme pour s'apaiser, et de nouveau repart...

Ce fut une sensation inexprimable. Je connus là d'exaltantes minutes de rêve, comme si j'avais vu se lever autour de moi tout le mystérieux passé de ma race, évoqué par la puissante incantation de ces cornemuses d'Écosse dans la nuit. Ah! nos pauvres binious de Bretagne, en comparaison, quelle misère!...

L'avouerai-je? Je fus très loin d'éprouver rien de semblable, en franchissant, le lendemain, dans les rangs du cortège traditionnel, l'enceinte sacrée du Gorsedd, ni même lorsque l'archidruide Hwfa-Môn (dans la vie ordinaire le Rév. Williams) m'eut attiré à lui, au centre du cercle, sur la pierre couchée qui est censée représenter le nombril du monde, pour me conférer, avec de tonitruants éclats de voix, l'investiture de l'ordre bardique. Il ne laissait cependant pas d'avoir sa beauté, le spectacle de ces druides blancs, de ces bardes bleus et de ces ovates verts, évoluant, comme une théorie de mages antiques, sur les fonds vaporeux de Cathay's Park. C'était évidemment d'un effet plus magistral que n'importe quelle figuration d'opéra. Cela avait toutefois un peu le tort d'y faire penser, et le visage glabre du Rév. Williams, sa mimique parfois trop expressive, n'étaient pas, il faut bien le dire, pour écarter ce rapprochement fâcheux. Quant aux autres personnages, dans quelle mesure ils prenaient au sérieux leurs rôles, c'est ce que je ne me chargerai point de déterminer. Il y a dans l'âme galloise un mélange d'ironie paisible et de sereine gravité dont les proportions m'échappent. Mais la gravité, assurément, domine.

Il n'y avait, pour s'en convaincre, qu'à passer du champ du Gorsedd dans l'immense baraquement de planches édifié tout à côté, et où se tenaient les séances littéraires et musicales de l'*Eisteddfod*. Ici plus de vestiges de l'âge de pierre, plus de cromlechs, plus de dolmens, plus de menhirs, — restitution purement décorative d'une préhistoire qui n'eut, comme chacun sait, rien de celtique. Non, pas d'autre mobilier, dans ce « pavillon », qu'une estrade, des chaises et des bancs. Mais sur cette estrade se font entendre les plus admirables chœurs du monde, et sur ces chaises, sur ces bancs, un public de près de vingt mille auditeurs peut trouver place. J'ai tort de dire : peut trouver. En réalité, la salle est toujours comble; la semaine durant, elle ne désemplit pas; tandis qu'un flot se retire, un autre monte. Je parlais tout à l'heure de l'âme galloise. C'est là qu'il faut entrer en contact avec elle, parce que c'est là vraiment qu'elle vibre toute, là qu'elle se révèle en sa plénitude, là enfin que l'on découvre de quelle puissance de recueillement, de quelle intensité d'émotion et d'enthousiasme elle est capable. Il plane dans l'atmosphère un je ne sais quoi de religieux et de grand. Par-dessus le concert des voix, il semble que l'on perçoive une harmonie plus haute et plus profonde, la symphonie des esprits, le merveilleux unisson des consciences. Jamais je n'ai mieux compris la portée de l'adage kymrique : « Notre vieille Galles est une mer de chant » !

A quel point ce peuple est pénétré de l'excellence de sa race, on put le voir, dans la soirée, à ce même pavillon de l'*Eisteddfod*, quand, ressuscitant un usage cher aux Celtes primitifs, l'archidruide brandit devant l'assemblée les deux moitiés d'un glaive, destinées, l'une à demeurer en Galles, l'autre à être emportée en Bretagne, et les rapprocha fortement pour faire constater à la foule qu'elles s'adaptaient. Ce fut une minute inoubliable.

— *A oes heddwch?* (Est-ce la paix?) rugit de sa voix léonine l'archidruide.

— *Heddwch!* (La paix) répond une clameur de tonnerre, jaillie de quinze mille poitrines électrisées.

La salle entière est debout, applaudissant et trépignant. Un des lairds d'Ecosse crie :

— Vive la France... la belle France !

Et soudain, les douces syllabes françaises volent de bouche en bouche, dominant l'âpreté des derniers hourrahs. Le plus sceptique en eût été remué jusqu'aux larmes [1].

V

N'en subsistât-il que ces nobles et touchants souvenirs, notre pèlerinage dans la Celtie d'outre-mer n'aura pas été perdu. Mais il est permis d'en attendre des fruits plus durables et plus généreux. Il se peut que l'*Eisteddfod* de Cardiff devienne la préface d'une intéressante histoire. Nos congénères d'Irlande ont déjà préparé les matériaux du premier chapitre,

---

1. C'est l'occasion, ou jamais, de rappeler les belles paroles de Renan, recevant l'Association archéologique du pays de Galles à Rosmapamon : « Vous êtes bons Anglais, nous sommes bons Français... Un haut devoir nous incombe aux uns et aux autres. C'est de maintenir en bonne amitié les deux grandes nations entre lesquelles nous sommes partagés, et dont l'action commune, la rivalité, si l'on veut, est si nécessaire au bien de la civilisation. C'est si bête de se haïr ! En travaillant à la paix, nous travaillerons véritablement à une œuvre celtique ».

qui se doit écrire, en 1901, au Congrès de Dublin. « Histoire vite tournée en roman ! » diront d'aucuns. « Rêveries séniles d'une race retombée à l'enfance ! » appuieront d'autres. A ceux-ci comme à ceux-là je recommande ces lignes de Renan, par où je veux conclure : « Quand on songe qu'une foule d'individualités nationales qui semblaient effacées se sont relevées tout à coup de nos jours plus vivantes que jamais, on se persuade qu'il est téméraire de poser une loi aux intermittences et au réveil des races, et que la civilisation moderne, qui semblait faite pour les absorber, ne serait peut-être que leur commun épanouissement ».

FIN

TABLE

PAGES LIMINAIRES.

Le « Trô-Breiz » 3

I

EN TREGOR

Amour de « Clerc » 29
Autour de Renan 37
Au Collège de Tréguier 51
Agonie d'un culte 63
Massacres de Septembre 77
Impressions d'automne 89
Au pays des « gars d'Islande » 103

II

EN LÉON

Le Léon noir 127
Moisson marine 141
Parages d'Ouessant 155

III

EN CORNOUAILLES

Dans l'Argoat....................................	169
En Forêt...	177
Paysage de légende.............................	191
La fin d'une terre................................	199
Les chantiers de la mer........................	211
L'Ile de Sein......................................	223

IV

EN VANNES

Chez les Grésillons.............................	243
A travers le « Golfe ».........................	261

V

EN HAUTE-BRETAGNE

Au pays de « douce souvenance »........	293

VI

EN BRETAGNE D'OUTRE-MER.

Pèlerinage celtique..............................	315